信託の仕組み

NIKKEI BUNKO 日経文庫

井上 聡

日本経済新聞出版社

まえがき

　信託とは，人を信じて財産を託す仕組みのことです。
　信託の世界では，託す人を委託者，託される人を受託者，託す目的を信託目的，託される財産を信託財産といいます。また，受託者が信託財産を管理したり運用したりした成果を受け取る人を受益者といい，受託者に信託財産の管理・運用を求め，その成果を受け取る権利を受益権といいます。受託者は，信託財産を託されたときの取り決めを守るとともに，取り決めの範囲で，信託目的に照らして受益者に良かれと思うことをしなければなりません。その際，信託財産がどのように守られ，受託者がどのような義務を負い，受益者がどのような権利を得るのかを決めるのが，本質的な意味における「信託の考え方」です。どんなに複雑な仕組みの信託であれ，過去に例のない事態が発生した場合に，受託者の義務がどこまで及ぶのか，受託者として何をすることが許され，何をすることが許されないのか，受益者がどこまで守られていて，どこまでのリスクを覚悟すべきなのか，といったことを考える際には，この「信託の考え方」に戻る必要があります。
　最近，信託をめぐる法律が大きく変わりました。約80年ぶりに全面改正された信託業法が2004年12月に施行され，2006年12月には，これも約80年ぶりに，信託の基本を定める新しい信託法が成立し，それにあわせて信託業法が再度改正されています。それらの結果，新たに信託

の担い手となる信託会社が登場し，また，知的財産権の信託が可能となりましたし，今後は，担保権信託（セキュリティ・トラスト）や事業信託など，ますます信託の対象財産が拡大し，自己信託や目的信託などの新たな信託形態も現れてくるでしょう。これこそ，過去に例のない事態ではありませんか。まさに，信託の仕組みを利用するにあたって，信託の考え方が問われる時代の到来です。

　この本は，信託にはじめて触れる人に対し，そのような信託の考え方をわかりやすく説明するとともに，新しい信託法の下で信託の仕組みを利用した金融取引に携わる人に対し，信託の考え方を使って過去に例のない取引を切り拓くための手がかりを提供することを目標としています。その目標にどこまで近づけたのか，はなはだ心もとない限りですが，少しでも多くの方のお役に立てれば幸いです。

　この本の執筆にあたっては，水野大弁護士ほか長島・大野・常松法律事務所の同僚から貴重な助言を得ました。また，日本経済新聞出版社ビジネス出版部の渡辺一さんには，多くの示唆をいただくと同時にたいへんお世話になりました。この場を借りて厚く御礼申し上げます。

2007年6月

井上　聡

信託の仕組み──［目次］

［Ⅰ］ 信託とは何か─────────9

1 信託の基本的な仕組み──11
  (1) 信託の基本要素──信託行為，信託目的，信託財産，受託者，受益者──13
  (2) 信託の特長──倒産隔離性と柔軟性──17
  (3) 金融取引における信託の利用法──資金運用と資金調達の双方で──25
2 信託のつくり方──新しい手法──32
  (1) 何でも託すことができるのか──最近の動向──33
  (2) どんなことでも託すことができるのか──信託目的──41
  (3) 自分に託すことができるのか──自己信託──45
  (4) 受益権を流通させるために──受益証券発行信託，セキュリティ・トラスト──48

［Ⅱ］ 信託財産
──将来の「もしも」に備える仕組み─────53

1 受益権を買ったあとに委託者が倒産したら──55
  (1) ストラクチャード・ファイナンス（仕組み金

融)の基本設計——56
　　(2) 信託した時点で委託者が破綻しかかっていたとき——58
　　(3) 信託したあとで委託者の信用が悪化し破綻したとき——63
　2　財産を託した受託者が倒産したら——72
　　(1) 自分のものだといえるのか——安心して託すための条件——73
　　(2) 受託者の倒産手続での取扱い——74
　　(3) 受託者の債権者による差押・相殺の禁止——75
　3　託した財産が減ってしまったら——80
　　(1) 費用や報酬を受託者に払わなくてもよいのか——81
　　(2) 限定責任信託(LLT: Limited Liability Trust)——84
　　(3) 信託財産の破産——87
　4　信託の仕組みを変える必要が生じたら——91
　　(1) 信託の変更——92
　　(2) 信託の併合——98
　　(3) 信託の分割——101

[Ⅲ] 受託者の義務
　——安心して託すため，柔軟な取引設計のための仕組み————107

　1　何のために,受託者は義務を負うのか——108

(1) 信託法に基づく受託者の義務の果たす役割
　　　　——109
　　(2) 信託業法の位置づけ——110
2 善管注意義務——きちんとやりなさい——112
　　(1) 善管注意義務とは——113
　　(2) 損失塡補責任——116
3 忠実義務——ズルせずにやりなさい——117
　　(1) 忠実義務とは——117
　　(2) 忠実義務に違反したら——取引無効か, 損害賠償か, 利益の吐き出しか——127
　　(3) 忠実義務に関する信託業法のルール——132
4 分別管理義務
　　——きちんと, ズルせずにやるために——137
　　(1) 分別管理義務の具体的内容——138
　　(2) 分別管理義務に違反したら——140
5 自己執行義務の廃止
　　——ぜんぶ自分でやるのがよいことなのか——141
　　(1) 信託事務の処理の委託に関する信託法のルール——144
　　(2) 信託事務の処理の委託に関する信託業法のルール——146
6 情報提供義務その他
　　——受託者をチェックするために——148
　　(1) 帳簿等作成・情報提供義務——149
　　(2) 受益者によるその他の監視・監督——152
　　(3) 受益者複数の場合の信託のガバナンス——154

[Ⅳ] 信託の新しい可能性と課題 ―――161

1 新しい信託とその課題――162
(1) 自己信託の可能性と課題――162
(2) 目的信託の可能性と課題――172
(3) 事業信託の可能性と課題――177
2 もう一度,信託とは何か――185

索 引 ―――189

[Ⅰ]
信託とは何か

信託とは，人を信じて財産を託す仕組みのことです。もともと英米法に起源のある制度で，信認法（fiduciary law）と財産法（property law）の2つの側面を持ちます。「信認」と「財産」からなる制度だといってよいでしょう。

　I章では，信託の基本型を例に取り，まずはその基本的な要素を説明し，信託によって得られるメリット（信託の特長）を簡単に述べて，そのような特長を利用して信託がどのように使われるかを概観します。

　ところで，最近，信託をめぐる法律が大きく変わりました。約80年ぶりに全面改正された信託業法が2004年12月に施行され，2006年12月には，これも約80年ぶりに，信託の基本を定める新しい信託法が成立し，その際に，それにあわせて信託業法が再度改正されています。この本の執筆時点では，新しい信託法はまだ施行されていませんが，以下においては，特に断らない限り，新しい信託法および信託業法に従って説明することにします。また，法律の名称を示さずに条文のみ挙げるときは，新しい信託法の条文を意味するものと考えてください。条文の背後にある「信託の考え方」は変わっていませんが，当事者の創意工夫がますます広く認められるようになり，さらには，まったく新しい形態の信託も可能となる見込みです。なんと楽しみなことでしょうか。

　なお，新しい信託法の施行前に効力を生じた信託については，信託契約または当事者の合意によって新法の適用を選択した場合を除き，新法の施行後も原則として旧信託法および旧信託業法が適用されることに注意する必

Ⅰ　信託とは何か

要があります。

1　信託の基本的な仕組み

　信託の世界では，託す人を**委託者**，託される人を**受託者**，託す目的を**信託目的**，託される財産を**信託財産**といいます。また，受託者が信託財産を管理したり運用したりした成果を受け取る人のことを**受益者**といい，受託者に信託財産の管理・運用を求め，その成果を受け取る権利のことを**受益権**といいます。受託者は，信託財産を託されたときの取り決めを守るとともに，取り決めの範囲で，信託目的に照らして受益者に良かれと思うことをしなければなりません。この取り決めを，**信託行為**といいます。

　ごく簡単な例で信託について見てみましょう。図1を参照してください。これは，遺言に信託の仕組みを活用した例です。Aさんが，遺言でもって，自分が死んでから息子のBくんが成人する日までの間，自宅の土地建物の管理を弟のCさん（Bくんの叔父）に信託したとします。この場合，Aさんが委託者，Bくんが受益者，Cさんが受託者，自宅の土地建物が信託財産，Bくんの成人までその管理をすることが信託目的，Aさんの遺言が信託行為となります。

　もう少し複雑な例についても考えてみましょう。リース会社Xが，Y信託銀行との間で信託契約を締結し，その保有する多数のリース債権（元本500億円相当）をY信託銀行に信託して，リース債権を回収してもらったう

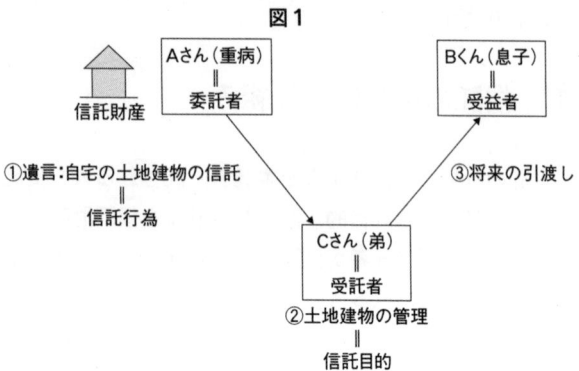

図1

え,回収した金銭を引き渡してもらうこともあります。この場合,リース会社Xが委託者,Y信託銀行が受託者,リース債権が信託財産,リース債権の管理および回収が信託目的,リース会社XとY信託銀行との間の信託契約が信託行為となります。この信託の成立時点では,委託者であるリース会社Xが受益者でもあるわけですが,実際の取引においては,しばしば,その後ただちに受益権が第三者に売却されます。その場合,受益権の売却後は,受益権の買主が受益者となります。

さらにいえば,実際の取引においては,Y信託銀行は,リース債権の回収を,元の債権者であるリース会社Xに委任することが多いのです(図2)。それならなぜ,リース会社XはY信託銀行にリース債権を信託するのでしょうか。それについては,あとで取り上げますので忘れずに覚えていてください。

これらは,信託の基本型というべきものです。当事者はどういう意図でこれらの場合に信託を利用するので

Ⅰ 信託とは何か

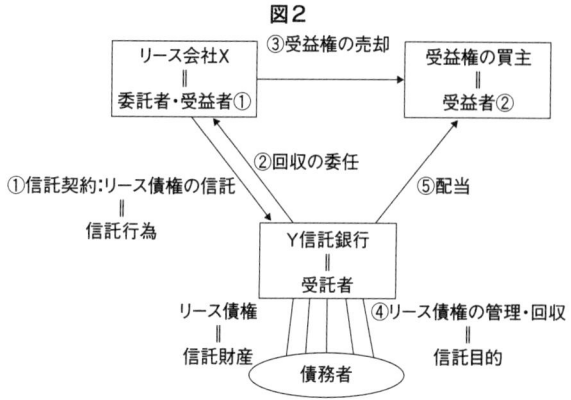

図2

しょうか。次に、それを説明しましょう。もっとも、その前提として、信託の基本要素と信託の特長を理解しておく必要があります。

(1) 信託の基本要素——信託行為、信託目的、信託財産、受託者、受益者

信託法によれば、信託とは、信託行為により、特定の者に対して財産を処分し、当該特定の者が一定の目的に従って財産の管理または処分およびその他の行為をすべきものと取り決めることをいいます（2条1項）。これは、平たくいえば「人を信じて財産を託す」ということなのですが、信託法は、その中身をもう少し具体化しています。まず、受託者に財産を託す際には、一定の目的を必要としています。これが信託目的です。また、「財産を託す」というのは、受託者に対して財産を処分——財産を譲渡したり財産に担保権を設定したり——するこ

とにより、受託者に何らかの財産を帰属させることを意味します。

以下では、順に「信託行為」「信託目的」「信託財産」「受託者」「受益者」について具体的に見てみましょう。

①信託行為

信託行為（2条2項および3条）とは、信託をつくるときの取り決めのことであり、その取り決めをする方法としては、信託契約による方法、遺言による方法に加え、法務省令で定める事項を記載した公正証書その他の書面等により意思表示をなす方法が認められています。実際には、1つ目の信託契約による場合がほとんどですが、今後、社会の高齢化が進んで遺言の利用が進めば、わが国においても2つ目の遺言信託が一般化する余地がありますし、自己信託と呼ばれる3つ目の方法については、さまざまな使い方が工夫される可能性があります。3つ目の方法については、あとで少し詳しく説明します。

②信託目的

信託目的（2条1項）とは、信託の基本的な性格を定めるものです。単に「あなたを信じてこのお金を託します」といわれても、それを大切に保管してもらいたいのか、多少の危険を冒してでも金融の知識を生かして積極的に運用して欲しいのか、気の利いたものを買って欲しいのか、世の中のためになるよう効果的に寄付して欲しいのか、まるでわかりません。「安全な保管」「外貨建の上場有価証券に対する運用」「前期印象派の絵画の収集」「白血病の人を救うための医学研究の支援」などのように委託者の意図がわかれば、受託者がすべきことが明ら

かになります。信託目的は，それを示すものであり，その裏腹の問題として，受託者の権限の範囲を決めるものでもあります。

③信託財産

信託財産（2条3項）の存在は，信託を特徴づける重要なものです。すでに述べたように，信託を設定する際には，受託者に対して財産を譲渡したり財産に担保権を設定したりすることにより，受託者に何らかの財産を与えることが必要です。したがって，ある人が大工に家を建ててもらったり，庭師に庭の手入れをしてもらったり，転勤から戻ってくるまで管理会社に留守宅を管理してもらったりしても，大工や庭師や管理会社への財産の譲渡を伴いませんから，信託ではありません。

先ほどの，Aさんが遺言により息子のBくんを受益者として自宅の土地建物の管理を弟のCさん（Bくんの叔父）に信託する例でいえば，信託である以上，信託設定時にAさんからCさんに土地建物が譲渡され，Bくんが成人するまでCさんがそれを所有し，Bくんが成人して信託が終了したときにCさんからBくんに土地建物の所有権が移転されることになります。

④受託者

受託者（2条5項）は，信託の担い手です。確かに，信託は，年老いた父親が未成年の息子の将来を心配して歳の離れた弟に財産を託すことによっても成立しますが，実際には，信託銀行のようなプロの受託者が，その顧客から財産を託される場合がほとんどです。プロの受託者は，その行う信託業について，信託法の適用を受け

るほかに,プロとして業法の規制に服します。

現在,プロの受託者を規律する業法は,2つあります。1つは,信託業法であり,信託業法に基づく免許または登録を受けて信託業を行う者を信託会社といいます。もう1つは,金融機関の信託業務の兼営等に関する法律(一般に「兼営法」と呼ばれています)であり,兼営法に基づく認可を受けて信託業を行うのが,いわゆる信託銀行です。信託業に関しては,信託会社の服する信託業法の規律と信託銀行の服する兼営法の規律はほぼ同じですから,この本では,特に断らない限り,信託業法のみに言及することにします。

⑤受益者

受益者(2条6項および7項)は,信託の主役です。なぜなら,信託は,信託の成果を受け取る受益者のための制度だからです。その意味では,受益者の位置付けはとても重要です。しかし,受益者は,必ずしも信託行為の当事者とは限りません。実際には,委託者と受益者が同一である場合が多いため,受益者の知らないところで信託が成立することは稀ですが,信託の成立の局面において,受益者は,委託者と受託者の背後に隠れてほとんど姿を現さないのです。ところが,ひとたび信託が成立すると,すべては受益者のために動き始めます。その動きをコントロールできるのは原則としてはもはや信託行為のみであり,今度は委託者が受託者と受益者の背後に隠れてしまうことになります。

先ほどの遺言の例でいえば,Aさんは,多くの場合Cさんと相談しながら,信託目的をどうするか,信託期間

をどうするか，信託報酬をどうするかなどについて，じっくり考えて遺言を作成するわけですが，同じそのときに，Bくんはそれに気づいてすらいないかもしれないのです。しかし，Aさんが死亡してひとたび遺言が執行され，Aさんの土地建物がCさんに引き渡されたあとは，Cさんは遺言に従ってBくんのためになるように土地建物を管理することになります。その段階に至ると，Aさんはすでにこの世にいないにもかかわらず，信託は予定どおり進んでいくものなのです。

(2) 信託の特長──倒産隔離性と柔軟性

信託は，人を信じて財産を託す仕組みのことであり，「信認」と「財産」からなる制度です。そのうち，信託の義務的側面に支えられる特長が**柔軟性**であり，信託の財産的側面に支えられる特長が**倒産隔離性**です。この2つが，信託することの主要なメリットといえるでしょう。ここでは，財産的側面から説明します。そのほうがわかりやすいからです。

一定の目的を持って財産を管理したり処分したりすることを他人に頼む方法は，信託以外にも存在します。たとえば，P社が複数のテナントに賃貸しているオフィスビルの管理（敷金の保管・返還，賃料の回収，新たなテナントの募集など）を他人に頼む方法として，信託会社Q社にオフィスビルを信託すること（図3）もできますが，不動産管理会社R社にオフィスビルの管理を委任すること（図4）もできます。信託の場合は，P社からQ社にオフィスビルの所有権が移転し，その旨の登記が

図3

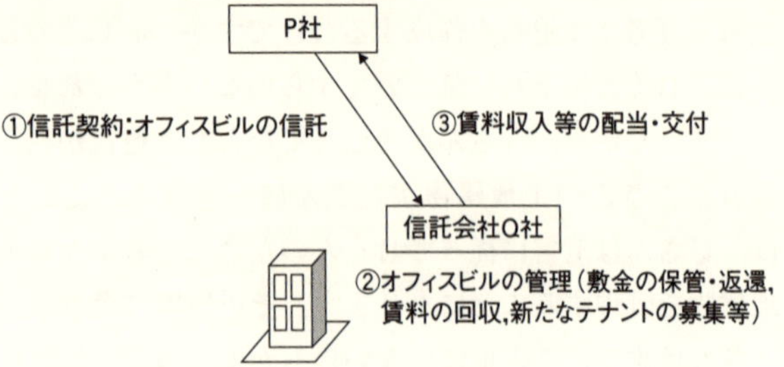

```
           P社
①信託契約:オフィスビルの信託   ③賃料収入等の配当・交付

        信託会社Q社
        ②オフィスビルの管理（敷金の保管・返還，
          賃料の回収，新たなテナントの募集等）
```

なされます。これに対し，委任の場合は，オフィスビルの所有権はP社にとどまります。

さて，ここでP社が倒産したときに，信託と委任とでどのような違いが生じるでしょうか。信託の場合，信託契約の条項にもよりますが，必ずしも信託が終了するとは限りません。信託が終了しなければ，オフィスビルはQ社の所有物ですから，P社が倒産しても影響を受けませんし，テナントの敷金返還請求権が倒産手続を通じて減額されることにもなりません。P社に帰属する受益権のみがP社の倒産手続に服することとなります。

これに対し委任の場合は，オフィスビルはP社の所有物ですから，P社の倒産の影響を受けることになります。テナントの敷金返還請求権も倒産手続に服しますから，倒産法に敷金についての特則はあるものの，テナントが敷金を全額回収できない場合が生じます。このように，テナントにとって大きな違いがあります。

また，オフィスビルの建設資金を融資した銀行がオフィスビルに抵当権を有する場合に，信託の場合は，抵当権の実行がP社の倒産によって制約を受けることはあ

I　信託とは何か

図4

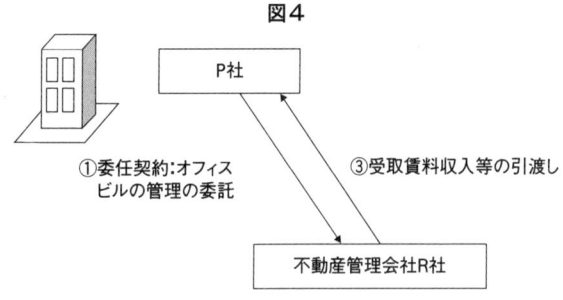

①委任契約:オフィスビルの管理の委託

③受取賃料収入等の引渡し

不動産管理会社R社

②オフィスビルの管理（敷金の保管・返還、賃料の回収、新たなテナントの募集等）

りませんが，委任の場合には，P社の倒産手続の影響を受ける可能性があります。

次に，Q社またはR社が倒産した場合はどうでしょうか。今度は，信託のほうが分が悪そうです。なにしろ，オフィスビルの所有権は，信託の場合はQ社に移転し，委任の場合はP社に属したままなのですから。ところが，信託法は，受託者が倒産しても原則として信託財産が倒産手続に服さないものと定めています（25条）。したがって，オフィスビルについては，信託と委任との間で，本質的な違いはありません。さらに，信託の場合は，Q社が保管している敷金や賃料も，Q社自身の財産と分別されている限り，Q社の倒産手続には服しません。P社は，信託契約に従い，Q社が解散しないのであれば信託をそのまま継続させたり，信託を継続させたまま受託者をQ社からQ′社に変更したり，信託を終了させてQ社が分別管理している敷金および賃料の引渡しを受けたりすることができます（56条1項4号または7号，

■倒産隔離とは？

　信託の特長（メリット）の1つである「倒産隔離」とは、いろいろな意味で用いられる言葉ですが、ここでは、委託者や受託者が倒産しても、信託が重大な悪影響を受けないことを意味します。その重要性を理解するためには、前提知識として、ある人または会社が倒産すると、誰がどのように困るのかを知っておく必要があります。

　まず、一般に「倒産」といっても、法律上の倒産手続から事実上の貸し倒れ（夜逃げなど）に至るまで、さまざまな状況を意味しうるのですが、ここでは、法律上の倒産手続に限って倒産隔離の意味を考えることにします。法律上の倒産手続には、破産、民事再生、会社更生、特別清算の4つがあり、そのうち破産と民事再生は、個人であると会社その他の法人であるとを問わず、広く適用される手続であり、会社更生と特別清算は、株式会社のみに適用される手続です。

　これらの倒産手続を機能的に見てみると、破産と特別清算は、清算型倒産手続と呼ばれ、手続開始時における債務者の限られた財産を、各債権者の権利内容に応じて平等に分配する手続です。これに対し、民事再生と会社更生は、再建型倒産手続と呼ばれ、債務者または管財人が、手続開始時における債務を債権者の権利内容に応じて減免（期限の猶予を含みます）してもらったうえで、事業を継続したまま再建計画に従って減免後の債務を返済していく手続です。

　ここで、不動産を所有して賃料を得ている株式会社Eが倒産したときに、①Fが無担保でEに金銭を貸していた場合と、②Fが当該不動産のうえに抵当権の設定を受けてEに金銭を貸していた場合のそれぞれを例にとって、特段の事情がない限り、Fがいかなる影響を受けるのかを確認しておきます。なお、不動産のうえに抵当権の設定を受けたことは、不動産登記をしなければ他人に主張することができませんから、ここでは、当然の前提として、②の抵当権の設定については、その時点で不動産登記を備えているものとします。

　①の場合、Fは、いずれの倒産手続においても、担保権者その他の優先的権利者が満足を受けたあとに残った

Eの財産から、平等な弁済を受けることができるにすぎません。無担保債権者の場合、実際には、貸した金額の10%も戻ってこないことが珍しくありません。すなわち、担保を持たない債権者は、債務者が倒産すると重大な悪影響を受けます。

②の場合のうち、破産、民事再生または特別清算においては、Fは、担保権を実行して貸金を回収することができます。これらの手続においては、抵当権などの担保権は別除権と呼ばれ、原則として倒産手続の制約を受けないのです。もちろん、Eの倒産により貸付債権の期限がただちに到来することとなるのが通常でしょうから、Fは、Eが倒産しなければ、あと何年か利息を受け取ったうえで元本を回収することができたのに、今後の利息収入を失うことにはなります。ただ、Fは、回収した金銭を別の投資対象に運用すれば、それにより収益を得ることができるわけですから、抵当権の実行により貸金全額の回収ができる限り（つまり、担保割れしていなければ）、FがEの倒産によって受ける影響は限定的です。

これに対し、②の場合であっても、会社更生においては、Fの担保権は大きな制約を受けます。会社更生手続においては、抵当権などの担保権により担保されている債権は更生担保権と呼ばれ、担保物の評価額を限度として優先的に弁済してもらえるとはいえ、更生計画に従って弁済を受けるにすぎませんし、担保権者による担保権の実行は禁止されます。Fは、自ら抵当権を実行し、一気に債権を回収することはできないのです。そのため、担保権者であっても、更生計画に基づく最終の弁済を受けるまでに何年もかかる場合がよくあります。

以上のように、担保権者は、債務者について会社更生手続が開始されると、更生担保権者として扱われ、担保権の行使につき大きな制約を受けます。この点は、非常に重要なポイントですので、よく覚えておいてください。

以上が、倒産手続の持つ一般的な効果ですが、貸金の回収、担保権の取得などの際に、すでに債務者が破綻状態にある場合には、その後債務者について倒産手続が開始されると、それらの行為自体が管財人によって否認されるおそれがあります。これについては、あとで説明することにします。

62条および163条9号)。

 これに対し、委任の場合は、R社が受け取った敷金や賃料は、それがたとえ専用の預金口座で管理されているとしても、R社の倒産手続の中でR社の一般債権者に対して平等に分配されてしまいます。すなわち、Q社の倒産とR社の倒産とは、P社にとって大きな違いがあります。

 このように、信託財産は、委託者の倒産手続からも、受託者の倒産手続からも、悪影響を受けないのが原則とされています。特に受託者の倒産手続との関係を指して「信託財産の独立性」と呼ぶこともあります。金融取引の世界では、両者をあわせて、信託のこのような特質を「信託の倒産隔離機能」と呼ぶこともあります。

 信託のもう1つの特長は、柔軟性です。これは、以下のように、受託者の義務の性格から導かれます（図5）。

 J社がK社にお金を貸す場合、J社は貸金の回収を確実にするため、K社から担保を取ったり、ローン契約においてさまざまな財務上の約束を取り付けたりします。逆にいえば、K社は、ローン契約上の約束さえ守れば、借りたお金を自由に使うことができ、お金の使い方に失敗したとしても、ローン契約どおりにお金を返せば、J社に責任を問われることはありません。J社は、K社の行動をコントロールしたければ、ローン契約において明確にK社に義務づけなければなりません。このように、お金の貸し借りなどの対立する契約の当事者の間では、基本的に、約束したことがすべてです。J社には、信義則などから生ずる例外的場合を除き、ローン契約に定められていない権利はありません。つまり、ローン契約書

Ⅰ 信託とは何か

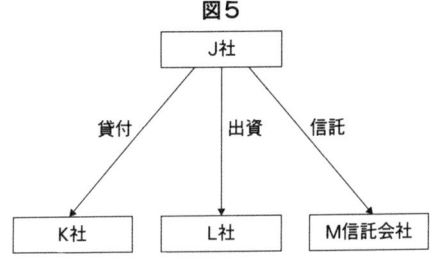

図5

については,「行間」を読む必要はないのです。

　J社がL社に出資する場合はどうでしょうか。J社は, L社の第三者割当増資に応じて株式を引き受ける場合に, 投資利益を確保するため, 引受契約においてL社に財務上の約束をさせることができます。また, そもそも, 第三者割当に応ずる条件として, 定款を変更してもらって優先株式を引き受けることもできます。

　しかし, 引受契約や定款に思いどおり規定できなくても, 会社法がその行間を埋めることになります。会社法には, L社のガバナンスに関するさまざまなメニュー（株主の議決権, 提案権, 一定の場合の株式買取請求権, 代表訴訟の提起請求権など）が用意されており, J社は, その中から, L社に対し, 会社法の用意した株主の権利のいずれかを行使することができます。

　これに対し, J社がM信託会社にお金を信託して運用してもらう場合, J社は, M信託会社との間の信託契約において, 運用対象をこまごまと定めることもできますし, 大まかな運用方針（たとえば,「リスク資産に積極運用する」）と運用範囲（たとえば,「国内外の株式およびデリバティブ取引」）だけを決めて, あとは受託者に

委ねることもできます。それでは、後者の場合、M信託会社は、信託契約に定められた大まかな運用方針と運用範囲の枠の中でどのような運用をしても、J社に対して責任を負わないのでしょうか。

　答えはおわかりでしょう。J社は、M信託会社を信じてお金を託しています。M信託会社は、J社の信頼に応えなければなりません。信託契約に規定されていなければ何をやっても構わないというものではないのです。あとで詳しく説明しますが、信託法は、受託者に対し、その権限の行使にあたって受益者に対する善管注意義務、忠実義務などの義務を負わせています（29条以下）。もちろん、運用の失敗について結果責任を問われるということではありません。受託者は、信託事務（ここでの例では金銭の運用）にあたり、受益者の利益を考えて注意を尽くさなければならないということです。

　信託においては、信託契約に定められた受託者の権限が広ければ広いほど、受託者は重い責任を負います。信託契約には「行間」があり、それを埋めるのは受託者の義務なのです。信託契約にこまごまと受託者のすべきことを規定するのは、多くの場合、受託者の義務を増やしているのではなく、受託者の責任範囲を限定しているものであることを覚えておいてください。これは、信託というサービスを提供する側の人（受託者）にとっても、利用する側の人（委託者または受益者）にとっても、たいへん重要な点です。

　受託者の義務のこのような性格から、信託における受託者のガバナンスは、信託契約にこまごまと定めること

も，大まかに定めることもできますし，受託者の責任範囲や責任軽減や責任追及の方法も，基本的に自由に定めることができます。もちろん，受託者が何の義務も負わないようなものは信託とはいえませんから，受託者の義務や責任を軽くすることには一定の制約があります。ただ，受託者のどういうところを信じて何を託すかによって，極めて柔軟に設計できるところに，信託の最大の特長があります。

これに対し，会社の取締役も信託の受託者と同じように善管注意義務や忠実義務を負いますが，株主による取締役の責任追及の手続はある程度法律に定められていますし，取締役の責任軽減の手段にも一定の枠組があります。

なお，現実に行われている信託の多くは，すでに述べたように，信託銀行や信託会社などのプロが受託者となってその顧客に提供している金融サービスです。そのような信託については，顧客保護の観点から，信託業法に基づいて信託の柔軟性に一定の制約が設けられています。すなわち，受託者の責任範囲や責任軽減や責任追及の方法を自由に定めることができるとすると，顧客が害されるおそれがあります。そのため，あとで述べるように信託業法に定められる限度において受託者の義務の内容が確保されることになっており，これを当事者の合意によって軽減することは許されません。

(3) 金融取引における信託の利用法——資金運用と資金調達の双方で

信託に倒産隔離性と柔軟性という特長があることはお

わかりいただけたと思います。そのような特長を生かし，金融取引においては，信託が頻繁に利用されています。

①資金運用のための信託の利用例

まず，資金運用における利用例を紹介しましょう。たとえば，年金基金が資金を運用する際に，信託銀行に金銭を信託して運用を委ねることにより，その運用ノウハウを利用することができます。資金の一部について別の信託契約を締結し，そちらの信託契約においては，信託銀行の運用裁量をなくして投資顧問会社の指図に従わせることもできます。そうすれば，その分の資金については，その信託銀行には（保管能力はあっても）運用ノウハウのない種類の資産（たとえば，海外のヘッジファンド）に投資したい場合に，専門の投資顧問会社を利用することができます。また，信託の仕組みを利用することにより，信託銀行が万一倒産した場合であっても，年金基金は，運用資産を保全することができます。

年金信託のほかにも，金銭を運用するタイプの信託としては，主として個人のための金融商品として，証券投資信託（投信），貸付信託（ビッグ）および合同運用指定金銭信託（ヒットおよびスーパーヒット）などがあり，主として企業の資金運用のための金融商品として，指定運用に係る金銭信託以外の金銭の信託（指定金外信，ファンドトラストないしファントラ），特定運用金銭信託（特金）および特定運用に係る金銭信託以外の金銭の信託（特定金外信）などがあります。括弧書きの中の名前はそれぞれの略称あるいは愛称ですので，耳にし

たことがあるのではないでしょうか。それ以外は耳慣れない言葉が多いかもしれません。信託の考え方を理解するうえで重要な概念ではありませんから，それほど気にする必要はありません。

　簡単に説明しておくと，「金銭信託」というのは，金銭を託し，運用してもらって，最後に金銭で戻ってくる信託のことです。「金銭信託以外の金銭の信託」というのは，何が何だかわからない用語ですが，金銭を託し，運用してもらって，最後はそのままの財産（たとえば有価証券など）で戻ってくる信託のことです。

　「合同運用」というのは，受託者が，複数の委託者から受託した複数の信託の信託財産を合同して運用することをいいます。これは「単独運用」に対する用語です。

　「指定運用」とは，信託契約において「受託者は，信託財産を国内株式および円建ての公社債に運用するものとする」あるいは「受託者は，信託財産を国債現先取引または金融先物取引により運用するものとする」などといったように大まかに定め，指定された運用の枠組みの中で受託者に裁量が与えられる信託財産の運用方法をいいます。

　これに対し，「特定運用」とは，信託契約において「受託者は，委託者またはその代理人の指図に従って信託財産を運用するものとする」などと定め，実際の運用に際して委託者またはその代理人から「トヨタの普通株式1,000株を3日後に市場で購入してください」などの個別の指図を受け，それに従う運用方法をいいます。

　「証券投資信託」は多くの方がご存じでしょうが，複

数の受益者を想定して、主として有価証券に投資することを目的とする金銭信託です。投資信託および投資法人に関する法律の規制を受けます。

「貸付信託」とは、多数の委託者から受け入れた金銭を主として貸付または手形割引により合同運用することを目的とする金銭信託です。貸付信託法の規制を受けます。

②資金調達のための信託の利用例

次に、資金調達における利用例を紹介します。すでに述べた例ですが、リース会社Xが、Y信託銀行との間で信託契約を締結し、その保有する多数のリース債権（元本500億円相当）をY信託銀行に信託する場合を考えます。実際の取引においては、リース債権の回収事務は、元の債権者が引き続き債務者からの回収にあたったほうがスムーズにいく場合が多いため、通常、Y信託銀行からリース会社Xに委任されます。また、信託設定後ただちに受益権が第三者に売却されます。リース会社Xは、その結果として売買代金の形で資金を調達することができます。これは、資産の流動化と呼ばれる取引の一例です（図6-1）。

実際には、リース会社Xは、囲み解説にあるように受益権を優先受益権と劣後受益権に分割して優先受益権のみを投資家に売却する（劣後受益権は引き続きリース会社Xが保有する）ことが多く、回収金を優先受益権と劣後受益権にどのように分けるかは、リース会社Xと投資家との間の交渉の結果に従って信託契約に規定されます（図6-2）。

Ⅰ 信託とは何か

図6-1

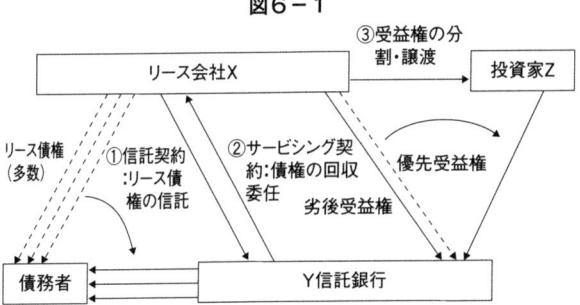

(取引実行時の流れ)

図6-2

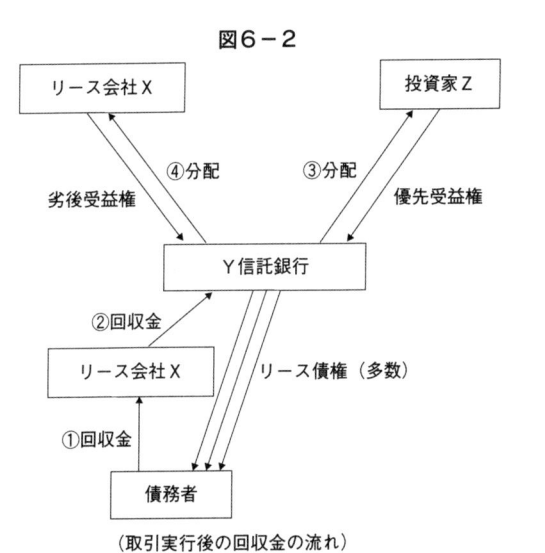

(取引実行後の回収金の流れ)

■資産の流動化とは？

資産の流動化とは，資産を所有者から切り離し，新たにそのためだけに設立または設定した会社，組合または信託（Special Purpose Vehicle＝SPV などと呼ばれます）などに譲渡して，その譲渡代金を受け取る方法により資金を調達する取引をいいます。SPV は，支払うべき譲渡代金を調達するために有価証券を発行することがしばしばあります。そのため，資産の証券化と呼ばれることもあります。信託は資産の証券化のための SPV として頻繁に利用されています。

本文に挙げた例でいえば，多数のリース債権（元本500億円相当）を保有しているリース会社 X は，資金を調達するために，リース債権を担保に入れて資金を借り入れることもできますし，リース債権を売却することもできますが，資産の流動化は，もう１つの手段と見ることができます。

信託を利用した債権の流動化の典型的な特徴としては，受益権を優先受益権と劣後受益権に分割することや，受託者のなすべき信託事務のうち，債権の回収を委託者（元の債権者）に委任することなどが挙げられます。

以下では，本文に挙げた例で信託期間を５年と仮定し，信託契約において，優先受益権を，信託されたリース債権の回収金から毎月８億円（５年間の合計は480億円）を優先的に受け取ることができる権利と定め，劣後受益権を，その残りの信託財産をすべて受け取ることができる権利と定めたとします。そのうえで，リース会社 X が優先受益権を投資家 Z に450億円で売却し，劣後受益権を保持し続けること，リース会社 X が Y 信託銀行の回収代理人という立場でリース債権の回収を引き続き行うことを前提とします。

仕組みはやや複雑ですが，このような仕組みを利用することにより，多くの場合，リース債権を担保に入れて資金を借り入れるよりも有利な条件で資金を調達することができ，また，回収代理人として努力して回収を増やせば，リース債権を確定額で売却した場合と異なり回収

増加分を自分のものとすることができます。具体的には，以下のようなメリットがあります。

①リース債権を確定的にY信託銀行に譲渡（信託譲渡）するため，リース会社Xが倒産してもリース債権や優先受益権は直接の影響を受けず，したがって投資家Zが安心して優先受益権を買うことができます（リース債権を担保にとって資金を貸し付けるよりも大きな金額を支払うことができます）。

②Y信託銀行がリース会社Xにリース債権の回収を委託することにより，債務者から見れば支払先の変更などが不要となるため，回収がスムーズに行われ，かつ，Y信託銀行や投資家Zの手間を省くことができます。リース会社Xも，顧客である債務者との関係を継続することができます。

③たとえば，リース債権全体の毎月の回収予定額が9億円前後で推移すると仮定すると，そのうち8億円を優先受益権の保有者に優先的に交付し，残額があればそれを全額劣後受益者に交付することになります。そうすると，リース債権に多少の貸倒れが発生しても，投資家Zは回収金のうち8億円を優先的に受け取ることができますから，リース債権の債務者の信用リスクをほぼ確実に回避することができます。

④逆に，リース会社Xは，回収代理人として努力を重ねて回収率を高め，回収予定額全額に近い回収金をY信託銀行に引き渡すことができれば，Y信託銀行が投資家Zに8億円を交付した後の残額すべてを，劣後受益権者として受け取ることができます。そうだとすれば，Y信託銀行または投資家Zが尻を叩かなくても，リース会社Xは一所懸命回収を行うことになります。

資産の流動化・証券化は，このように，単純に金銭を借り入れる代わりに，仕組みを工夫することにより，当事者（資金調達者と資金提供者）のニーズに合った資金調達を実現しようとするものです。資産の流動化・証券化に代表される，仕組みを利用した資金調達の手法は，一般に，「ストラクチャード・ファイナンス」と呼ばれます。

先ほど，信託の成立の局面では受益者はほとんど姿を現さないと述べましたが，資金調達のために信託が用いられる場合は，将来の受益者である投資家と委託者との間で信託の中身について交渉されることがむしろ多いのです。また，リース債権の回収事務についても，その委託内容やリース会社Xの責任範囲が委任契約に規定されるのに加えて，Y信託銀行によるリース会社Xの監督に関する責任範囲が信託契約に定められます。

　このように，信託は，資産の流動化による資金調達の仕組みを自由に設計しようとするときに，見事にそのニーズに応えてくれます。それに加えて，リース会社XまたはY信託銀行が万一倒産しても，信託の倒産隔離機能のおかげで，優先受益権を購入した投資家はリース会社XまたはY信託銀行の倒産手続の悪影響を受けないですむのです。

2　信託のつくり方——新しい手法

　受託者を信じて財産を託すときに，信託法はどのようなルールを設けているのでしょうか。以前の信託法や信託業法の下では，信託できる財産の範囲が限られていましたし，信託契約に基づき受託者に対して財産を譲渡する以外の方法で信託を設定することは，ほとんどなかったといってもよいでしょう。以下では，新しい信託法と信託業法の下で，どのような信託のつくり方が認められるようになったのかを見てみます。

Ⅰ　信託とは何か

(1) 何でも託すことができるのか——最近の動向
①知的財産権の信託の始まり

　もともと信託法においては，譲渡可能な財産権（したがって，人格権などは除きます）であれば，ほとんど何でも信託することができました。しかし，かつては信託業法に規制があり，2004年末に全面的に改正されるまでは，プロの受託者，すなわち信託銀行や信託会社が受託できる財産には制限がありました。たとえば，特許権，著作権などの知的財産権は受託することができませんでした。信託業法の全面改正により，受託できる財産についての制限がなくなったため，知的財産権の信託の可能性がにわかに議論の対象となったのです。

②グループ内信託の活用

　知的財産権の管理を目的とする信託の利用法として，同一企業グループにおける知的財産関連業務の効率化などを目的として，グループ内の各社が自分の持つ知的財産権を特定のグループ会社に信託して集中的に管理させ，企業グループとして，一元的に侵害行為への対応をしたり，ライセンス管理をしたりすることが考えられます。そのようないわゆるグループ内信託会社については，委託者・受託者・受益者（受益者を通じて信託の経済的利益を受け取るような間接的受益者を含みます）がすべて同一企業グループに属している場合には，信託の引受けを繰り返し行っても，原則として信託業法の規制外に置かれる（信託法のみが適用される）という特例があります（信託業法51条）。

　一般に，繰り返し信託を引き受ければ信託業を行って

いることになるのですが，この特例は，同一企業グループの中でしかサービスを提供しない場合には，もはや「業者」とは見ないというものです。信託業法の改正に際して採用されたこの考え方，すなわち，業者を規制する業法の適用範囲から同一企業グループ内におけるサービスの提供を除外する考え方は，たいへん画期的なものです。これは，信託業に限らず，業法規制のあり方一般について今後の参考になるのではないでしょうか。

たとえば，貸金業の規制等に関する法律（いわゆる貸金業法）は，お金の借り手を保護するために貸金業者を規制する法律ですが，消費者金融業者などを規制するだけでなく，企業グループ内部で資金を融通するだけのグループ金融会社に対しても，同じ規制を適用しています。信託業法の規制範囲の考え方をここにも及ぼせば，グループ金融会社に無用の規制を及ぼさなくてもよくなります。

同一企業グループ内の知的財産権の管理を目的とする信託については，信託譲渡に伴う知的財産権の数が多い場合に，その移転登録の費用が無視できないとか，特許侵害者に対する損害賠償請求において損害額の算定につき不利に取り扱われるおそれがあるなど，まだ課題は残っています。しかし，傘下に多くの会社を抱える企業グループにとっては，魅力的な仕組みとなる可能性があります。

以前は，信託を使わずに，同一企業グループ内で知的財産権を特定のグループ会社に譲渡して一元的に管理させようと思っても，会計上または税務上，譲渡の対価を

いくらにすべきか決めなければならず、よけいな税務コストが発生したり、価値の評価に迷ったりすることが多かったようです。また、それぞれのグループ会社が知的財産権を保有したままで、その管理だけを特定のグループ会社に委任する方法については、権利者とならずにできることには限りがあるため、一般化しなかったといわれています。信託を使えば、対価を決めずに権利を1社に集中させることができますから、従来の問題が解決する可能性があります。

③知的財産権の管理サービス

知的財産権の管理を目的とする信託のもう1つの利用法としては、信託銀行や信託会社が、ビジネス上のネットワークを持たない研究者・ベンチャー企業から知的財産権の信託を受け、自分のビジネス上のネットワークを利用して知的財産権を利用したい大企業を紹介したり、ライセンス交渉をまとめて知的財産権を活用したりすることが考えられます（図7）。さらには、第三者による知的財産権の侵害行為に対し、厳しく対処する役割を信託銀行や信託会社に期待する声もあります。

このような信託において、知的財産権を有利に活用しようと思えば、知的財産権のことをよく知らなければなりませんが、信託銀行や信託会社があらゆる知的財産権に通暁することは不可能ですから、いかに専門家をうまく使うかが重要になってきます。この点は、信託業務の委託に関連してあとで触れます。

また、知的財産権の管理には、ライセンス交渉や紛争処理など第三者と先鋭に利害が対立する場面がつきもの

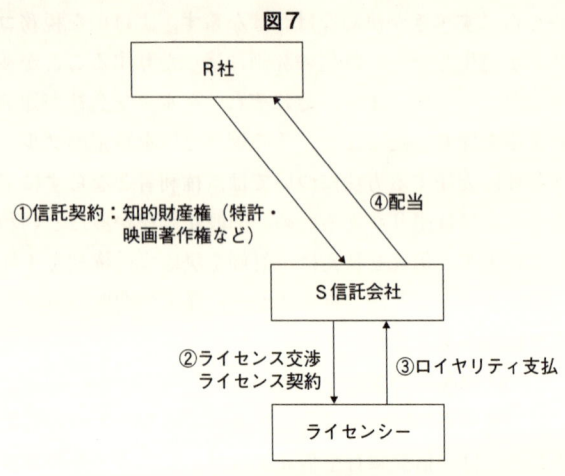

です。そのような場合に、信託銀行や信託会社が委託者から逐一指示を受け、それに従って対処するというのは、必ずしも現実的ではありません。実際上も、信託銀行や信託会社のサービスを利用しようとする委託者は、一定の裁量権を受託者に与え、その適切な行使を期待することが多いようです。

　ただ、そのような信託をプロの信託銀行や信託会社がいろいろな知的財産権の権利者から受けると、それらの知的財産権が市場で競合するものであったり一方が他方を侵害していたりする場合に、対立する利害の板挟みとなり、受託者として適切な行動を取ることが難しくなります。したがって、そのような可能性のある信託は最初から受けないこととするか、そのような対立状況が生じ

た場合には信託を終了させるしかありません。ここに,知的財産権の信託のビジネスとしての難しさがあります。

④知的財産権による資金調達

以上のような知的財産権の管理を目的とする信託のほかに,資金調達を目的とする知的財産権の信託もあります。

リース債権については,先ほど,リース会社Xが,Y信託銀行との間で信託契約を締結し,その保有する多数のリース債権(元本500億円相当)をY信託銀行に信託する仕組みを説明しました。それと同じように,映画の制作会社であるX社が,Y信託銀行との間で信託契約を締結し,その保有する映画の著作権をY信託銀行に信託して,Y信託銀行にその著作権を配給会社やビデオ制作会社にライセンスしてもらい,Y信託銀行がライセンス先から将来にわたって受け取るロイヤルティ(著作物利用料)を引き渡してもらう権利(受益権)を投資家に売却することにより,資金調達をすることが考えられます。

信託の仕組みを用いることにより,期間や優先順位の異なる信託受益権を何種類もつくったり,金銭を信託の中でしばらく再運用したりして,知的財産権の生み出すキャッシュフローを自由に変換したり,投資家の好みに応じてさまざまな安全度を持つ投資対象を設計することが容易にできます。このような知的財産権ファイナンスは,今後だんだん利用されるようになっていくことが期待されます。

⑤担保権の信託(セキュリティ・トラスト)

　最近新しく信託できるようになった財産として知的財産権を取り上げましたが,すでに述べたように,譲渡できるものでさえあれば,原則として信託できる財産には限りがありません。あとで取り上げるように,担保権をローン債権から切り離して信託すること(セキュリティ・トラスト)も可能です。

⑥事業信託の可能性

　そのほかに,信託法においては,新たに事業信託ができるようになったといわれています。信託法の条文のどこを見ても事業信託という言葉はありませんが,積極財産の信託の際に債務をあわせて受託者に引き受けてもらうことができるようになった(21条1項3号)ため,信託行為の際に事業を包括的に受託者に譲渡することができるようになったと考えられているのです。

⑦新しい信託が抱えるリスク

　知的財産権にしろ事業にしろ,新しい信託の対象として注目されているこれらのものは,見方によっては受託者にとって危険な財産といえます。金銭を受託して有価証券投資に運用したり,金銭債権を受託して回収したりすることに比べ,受託者は,事前に予測できない債務を背負い込んだり,事前に予測できないクレームに対応しなければならなくなったりするおそれがあるからです。

　このような場合,信託財産に属する金銭だけでは賄いきれない支出が生じ得ます。というのは,受託者が信託事務を処理するにあたって第三者に債務を負担する場合には,信託財産の限度でのみ責任を負う旨を当該第三者

と合意しない限り、受託者は、信託財産のみならず自らの固有財産によっても責任を負うからです。

受託者は、対外的に自分自身の財産をもって支払わなければならなくなることを避けようと思えば、請求すればすぐに必要な金額を払ってくれるような信用力のある委託者だけを相手にするか、知的財産権や事業とともに十分な額の金銭を事前に信託してもらうなどにより、不測の支出に備えることになります。しかし、これでは、一般の委託者から見て利用しにくい信託になってしまいます。

⑧限定責任信託

そこで注目されているのが新しく設けられることになった**限定責任信託**という制度です（216条以下）。これは、ある信託について受託者が対外的に負担する債務の責任財産が、債権者の同意または承諾なしに、当該信託の信託財産に限定され、受託者の固有財産に及ばないこととされる信託です（217条）。

わかりやすくいうと、事業信託における事業活動を通じて取引の相手方に対し債務を負担した場合に、この限定責任信託制度を利用すれば、受託者の負う債務は、信託財産の限度で履行すればよいことになります。事業に失敗して信託財産が減ってしまったとしても、受託者が自分の財産で支払う必要はありません。もちろん、事業の失敗について受託者に落ち度がある場合の受託者の責任は別の問題です。

このような限定責任信託の制度は、知的財産権や事業などのリスクの高い財産を信託するときに、有用な制度

といえます。しかし、上の例で、取引の相手方にとっては、リスクが顕在化したときに、法的な救済が制限されてしまうことになります。もちろん、株式会社の場合も、その取引の相手方は、株主がいかに裕福であっても会社財産の範囲でしか会社の責任を追及することはできません。ただ、株式会社における株主有限責任の原則は、取引の相手方が会社を相手にしていること（株主をあてにしていないこと）を明確に認識していることとともに、会社財産の株主に対する払戻し（配当など）について「分配可能額」（会社法461条）という財源規制を課し、会社の純資産が300万円を下回ることとなる配当を禁止する（会社法458条）などの会社財産の保全措置が会社法において採用されていることによって正当化されています。

この点に鑑み、信託法は、限定責任信託の信託財産があたかも1つの株式会社であるかのように、会社と同じような公示制度を設け、会社と同じような信託財産の保全措置を設けました。すなわち、限定責任信託の定めの登記をすること（232条以下）、限定責任信託という文字を信託の名称に用いること（218条）、限定責任信託であることを取引の相手方に明示すること（219条）、法務省令で定める給付可能額を超えて受益者に対して信託財産を給付することができないこと（225条）などが定められています。

事業信託、それも限定責任信託の制度を利用した事業信託を眺めてみると、もはや財産の管理・運用制度としての伝統的な信託の枠組みから相当かけ離れたものに

なっています。それはむしろ会社法に基づく株式会社や、商法に基づく匿名組合、民法に基づく組合、有限責任事業組合契約に関する法律に基づく有限責任事業組合などと同様に、事業主体の一類型といってよいでしょう。

限定責任信託は、信託の考え方を学ぶ際に典型的に想定すべき信託ではありませんが、信託の可能性がその方向に広がっていくことを否定すべきではありません。その意味で、信託法に基づく新しい信託は、伝統的な「人を信じて財産を託す」要素を残しつつも、会社制度や組合制度との間で使い勝手のよさを競いあうような性格を強めていくと考えられます。

(2) どんなことでも託すことができるのか
——信託目的

信託目的は、すでに説明したように、信託の基本的な性格を定めるものです。委託者が信託目的を定めて信託財産を受託者に移転するからこそ、受託者は何をすればよいのかがわかるのです。もちろん、信託目的を達成するために受託者にしてもらいたいことを信託契約に定めることはできます。ただ、想定していなかった状況が生じ、受託者のなすべきことが具体的に信託契約に定められていないという事態は、どれほど詳細な信託契約を作成しても、完全に避けることはできません。そのような場合に、受託者のなすべきことを指し示す指針が、信託目的から導かれるのです。

信託目的は、信託が受益者のための制度であり、受託

者が受益者のために尽くす存在であることから,もっぱら受託者の利益を図る目的であってはならないとされています(2条1項)。これは,当然のことです。

①脱法信託の禁止

また,法令によって所有を禁じられているものを信託を通じて所有することを目的としてはいけません(9条)。これを「脱法信託の禁止」と呼びます。たとえば,日本電信電話株式会社等に関する法律は,外国人等によるNTTの議決権株式の保有割合が3分の1以上になるときは株主名簿の書換えを禁じています。名簿書換が禁じられるような状況において,外国人がNTT株式を信託を通じて間接的に取得したうえ,受託者を通じて名義書換を求めることは,許されないといえるでしょう。これも当然のことのように思えますが,外国人を含む多数の受益者のために資金を合同して運用している信託において,信託財産の一部をNTT株式に運用したときに受託者が名義書換を受けられないというのは,特に議決権の行使に関する指図権が受益者に認められていない場合には,行きすぎです。

信託受益権を保有することと,信託財産を保有することとの間には,信託財産の種類や信託目的や受益権の内容によって,意味のある違いがある場合もあれば,実質的に違いがない場合もあります。脱法信託の禁止がどこまで及ぶかというのは,実は,個別の状況に応じて判断せざるを得ない難しい問題なのです。

②訴訟信託の禁止

信託法は,さらに,受託者に訴訟行為をさせることを

I 信託とは何か

主たる目的として信託をすることを禁じています（10条）。判例によれば，この「訴訟行為」には，破産手続の開始申立てや強制執行が含まれます。

この「訴訟信託の禁止」も，適用範囲の難しいルールです。これは，もともと，濫訴（やみくもに他人を訴えること）を防止するためであるとか，弁護士でない者に実質的に訴訟代理を認めることがないようにするためであるとか，いろいろな説明がされていますが，どれもそれほど説得的ではありません。信託を利用してもしなくても，何の理由もなく他人をやみくもに訴えれば，他人がこれに応ずるために負担した費用などを賠償する責任があるでしょう。また，信託を利用してもしなくても，弁護士以外の者が他人から権利を譲り受けて訴訟を起こし，実質的に他人の訴訟代理をするならば，弁護士法の違反になるはずです。

したがって，「主たる目的」という要件を厳格に解釈して適用範囲を絞るべきですし，また，「訴訟行為」の範囲を文字どおり「訴訟の提起および維持」に限定し，強制執行や担保権の実行は含まれないと解すべきです。そうしないと，信託制度の新しい利用の芽を摘んでしまうことになりかねません。

たとえば，先ほど説明した知的財産権の信託は，しばしば紛争含みです。これから新たにライセンス先を探すために信託を利用する場合もありますが，契約交渉に慣れていない研究者やベンチャー企業が，すでに自分の特許を勝手に使っている先との間で，ロイヤルティを支払うか，さもなくば訴訟か，という交渉をするために信託

銀行のサービスを利用したいというニーズもあります。
　また，あとで取り上げるセキュリティ・トラスト（担保権信託）は，シンジケート・ローン（複数の金融機関が同一の債務者に対して同一の貸出条件で行う協調融資）の流動性（ローン債権の売買のしやすさ）を高めるうえで重要な役割を果たすことが期待されています。しかし，受託者が担保権者としてなすべきことの中心は，担保権の実行ですから，担保権の実行を受託者の主たる任務として信託を設定することが訴訟信託の禁止に触れるとすれば，セキュリティ・トラストはできなくなってしまいます。
　そのほかにも，信託を使って不良債権の流動化を行う場合，信託を使って企業再生ファンドを組成する場合など，信託財産の相当部分が債務不履行間際の債権であるような信託取引についても，それらを萎縮させる効果が生じかねません。
　信託法は，そのような批判にもかかわらず以前の信託法と同じ訴訟信託の禁止のルールを採用しました。その成立過程において法務省民事局参事官室によって作成・公表された「信託法改正要綱試案　補足説明」は，そういった批判に対し，「(法制審議会の) 信託法部会においては，訴訟行為を行わせることを主たる目的とするような信託であっても，正当な理由があるものについては，同条における『主たる目的』の解釈,脱法行為性,反公序良俗性にかんがみた個別判断により，同条の適用を排除することができるとの見解が示された」としています。
　このように考えると，上のように，訴訟信託の禁止の

Ⅰ　信託とは何か

適用範囲は限定的に解すべきですし，少なくとも金融庁の監督を受けている信託銀行や信託会社が金融庁の作成した信託検査マニュアルや信託会社等に関する総合的な監督指針（いわゆるガイドライン）に沿って引受審査を行った信託については，正当な理由があると見るべき場合が多いと考えられます。

(3) 自分に託すことができるのか――自己信託

　信託の引受けを繰り返し行う場合には，信託業法に基づく免許または登録が必要となります。委託者または委託者から授権を受けた者（受託者の利害関係人を除きます）の指図により信託財産の管理または処分が行われる信託か，信託財産につき保存行為または財産の性質を変えない範囲内の利用行為もしくは改良行為のみが行われる信託だけを業として引き受ける場合には，管理型信託業の登録をすればよいのですが，それにとどまらず，それ以外の信託を業として引き受ける場合には，免許が必要です。

　信託の引受けを繰り返し行わない限り，誰でも信託の受託者になれます。個人でも構いません。

　それでは，自分自身に信託することはできるでしょうか。以前の信託法においては，意見が分かれてはいたものの，一般には，できないと考えられていました。新しい信託法の下では，一定の条件の下で，これが新たにできるようになりました（3条1項3号）。このような信託は，自分で自分に信託することから，**自己信託**と呼ばれます。「私は今日から私が所有しているこのアパートを

息子の太郎のために受託者として管理します」と宣言して信託を設定するため，信託宣言と呼ばれることもあります。

この例の場合，アパートが「私」の所有であることに変わりはありませんが，今日からは太郎のために管理しなければなりません。形式上は自分のものであっても実質上は自分のものでないのです。転勤することになったときにアパートを他人に賃貸するときは，その賃貸料も信託財産になりますから，太郎に渡すか太郎の将来のために別途預金として積み立てておかなければならず，自分で使うわけにはいきません。また，転勤するときに，会社の後輩に勝手に無償で貸してはいけません。

自己信託は，信託が成立した時点以降は，受託者が受益者に義務を負い，受益者が受託者に受益権を持つという点で，他人から信託財産を引き受けたときと大きく異なるわけではありません。しかし，委託者から受託者への財産権の移転がないという点で，いつ成立したのか第三者から見てよくわからない面があります。これを捉えて，委託者の債権者を害するような信託がなされるおそれがあるという批判があります。

たとえば，委託者の債権者が委託者の財産に差押えをしてきたときに，委託者が自分の家族を受益者として差押えより前の日付で自己信託を設定していたことにして，「この財産はもはや私の固有財産ではありません。したがってあなたは差押えできません」という主張が横行するとすれば，確かに弊害があります。そこで信託法は，自己信託をする際には，公正証書などによることを

図8

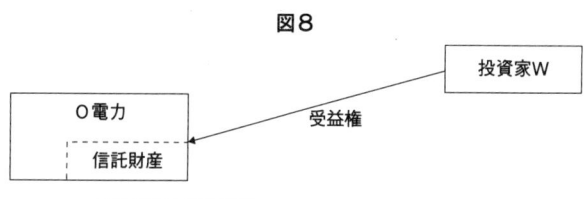

```
                                    ┌─────────────┐
                                    │  投資家W    │
┌──────────────┐                    └─────────────┘
│  O電力       │       受益権              ↙
├┄┄┄┄┄┄┄┄┄┄┄┄┄┄┤←─────────────────────────
│  信託財産    │
└──────────────┘
```

・将来の電力料金債権
・特定の原子力発電所（不動産および設備）
・特定の原子力発電事業

求めています（3条3号および4条3項）。

　自己信託ができるようになると、たとえば、電力会社O社が、将来の電力料金債権や、自社の原子力発電事業設備およびその設備をとりまく原子力発電事業を自己信託し、外部の投資家Wを受益者と指定することにより、実質的な事業の切り離しをすることができます（図8）。新たに会社を設立して、事業を承継させる必要はないのです。

　また、先ほどの例で、リース債権を信託譲渡して流動化しようとするリース会社Xは、わざわざY信託銀行に頼まなくても、自分で自己信託を設定し、受益権を投資家に売却することができます。

　あるいは、コンビニエンスストアP社が電力会社O社のために電力料金の収納代行をしている場合に、収納した電力料金につき自己信託を設定して分別管理し電力会社O社を受益者と定めれば、O社は、P社が倒産しても分別されていた収納金相当の金銭を受け取ることができます。

　このように自己信託の利用可能性は大きいという見方

もありますが、他方、財産隠匿の懸念等を指摘する声もあります。あとで述べるように、自己信託の場合には信託業法の適用が限定されてしまうことについて、受益者保護の観点からの問題提起もなされています。そこで、自己信託に関わる信託法の規定については信託法の施行日から1年を経過する日まで適用しないこととして、その間に弊害に対処することとしています（附則2項）。

(4) 受益権を流通させるために
——受益証券発行信託，セキュリティ・トラスト

以前の信託法においては、同じ信託の受益者が多数存在している場合や受益権が譲渡される場合の規律が不十分でした。確かに、投資信託の例を挙げるまでもなく、受益者が多数で受益権が有価証券化された信託は以前から存在していますが、それらはいずれも特別法によって手当てされたものでした。

信託法は、受益証券発行信託という新たな信託類型を設け（185条以下）、この類型の信託においては、受益権の流通を高めるために受益権を有価証券化し、受益証券の交付によらなければ受益権を譲渡することができないこととしました（194条）。受益証券の占有者は権利者と推定され、善意無重過失で受益証券の交付を受けた者は受益権を善意取得します（196条）から、受益権を譲り受けたいと考える者にとってはありがたい制度です。

加えて、この受益証券発行信託の受益証券は、金融商品取引法において株券、社債券、投資信託の受益証券などと同様の開示（ディスクロージャー）制度の適用を受

けます。さらにいえば，この受益証券発行信託の受益証券は，数年内に，社債，株式等の振替に関する法律に基づく振替制度の対象となり，完全ペーパーレス化が実現します。すなわち，上場株式と同様の振替制度の対象となり，金融機関に開設した口座を通じて譲渡することができることとなるのです。

こうして，一定の要件を満たした信託を受け入れるべく有価証券市場が整備されれば，信託は，顔の見える当事者の間だけで利用される制度ではなくなり，多数の投資家から広く資金を受け入れることのできる制度としてその利用可能性をますます広げることになります。そうなると，先に述べた限定責任信託と組みあわせることにより，会社制度との競争が現実味を帯びてきます。現に信託法は，限定責任信託と有価証券発行信託の双方の性格を備えた受益証券発行限定責任信託について，会計監査人の設置を義務づけるなど，大規模株式会社に近い規律を設けています（248条以下）。

近い将来，受益証券発行限定責任信託の形をとる上場企業が現れる可能性もあるのではないでしょうか。もちろん，そこに至るまでには，信託税制・信託会計制度などのインフラストラクチャーを整備することが必要となります。

受益者が複数で，かつ，その変更が想定される信託としては，セキュリティ・トラストにも注目が集まっています。セキュリティ・トラスト（担保権信託）とは，担保権を被担保債権から切り離して信託財産とする信託です。受益者は被担保債権の債権者です。債権者が複数の

場合に利用されることが想定されています。

たとえば、10行から成る銀行団がV社にシンジケート・ローンを実行するときに、V社の本社ビルに抵当権を設定しようと考えたとします。シンジケート・ローンというのは、シンジケートに参加する各銀行が足並みを揃えて貸付けを実行し、回収金を分配するものですから、抵当権などの担保権の管理・実行も足並みを揃えて行うべきものです。通常は、シンジケート・ローン契約またはそれに付随する銀行間の協定書において、担保権を実行するか否かを多数決その他所定の手続に従って決定し、足並みを揃えて実行することが定められます。

また、シンジケートに参加する銀行の多くは、メインバンクが債務者との長いつきあいの中で資金を貸し付けるのと異なり、実行後しばらくしてローン債権を売却することも視野に入れて取引に参加します。それにもかかわらず、ローン債権が譲渡される都度、担保権移転登記をしたり協定書を改訂したりするのは非効率です。そうだとすると、誰かがまとめて担保権を管理し、債権者の意思決定を受けて担保権を実行するほうが合理的です。そのような目的で、シンジケート・ローンの全債権者を受益者として、シンジケート・ローンから担保権を切り離して信託財産とするのがセキュリティ・トラストです。

受託者は、ローン債権の一部が譲渡されても、その時々の債権者を受益者として担保権を管理し、債務不履行が生じたときには、その時点の債権者＝受益者のために担保権を実行し、それによって得た金銭を受益者に分

配します（55条）。ローン債権の譲渡の前後を通じて，担保権の帰属には何の変更もありません。

このようなセキュリティ・トラストが設定できるか否かについては，以前から争いがありました。一般論としては，担保権をローン債権から切り離し，債権者と別の人に帰属させることはできないと考えられているからです。ただ，信託の仕組みを使えば，債権者をセキュリティ・トラストの受益者とすることにより，担保権の実行により担保権者たる受託者が受け取った優先弁済金を債権者に分配することが可能となります。そこで，少なくともこのような信託の仕組みを利用する限りにおいては，担保権者とローン債権の債権者が別人であっても構わないと考えられるようになりました。

信託法は，信託契約を「特定の者との間で，当該特定の者に対し財産の譲渡，担保の設定その他の財産の処分をする旨並びに当該特定の者が一定の目的に従い財産の管理又は処分及びその他の当該目的の達成のために必要な行為をすべき旨の契約」と定義し（3条1項），その考え方を明確に示しています。

ところで，セキュリティ・トラストの組成方法としては，2つの方法が考えられます。1つは，10行がシンジケート・ローンを実行し，それぞれのローン債権を被担保債権としてV社に同順位の10個の抵当権を設定させたあと，W信託銀行に対し，抵当権だけをローン債権から切り離して信託譲渡するという方法です。この場合，委託者は最初のローン債権者（シンジケート・メンバーたる各銀行）ということになります。もう1つは，シン

図9

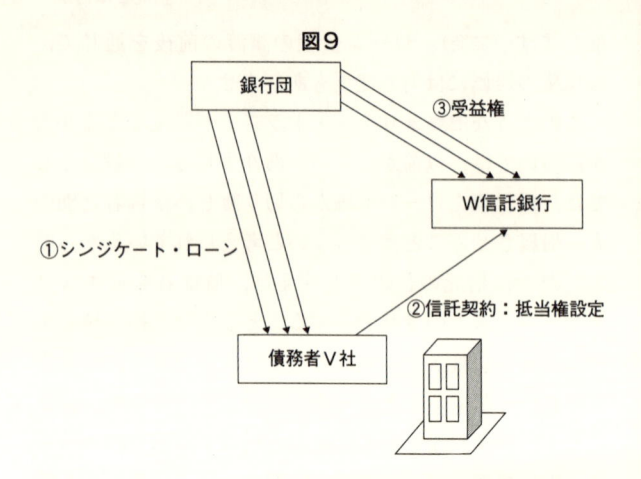

```
銀行団 ───③受益権──→ W信託銀行
  │                      ↑
  │①シンジケート・ローン   │②信託契約：抵当権設定
  ↓                      │
債務者V社 ─────────────────┘
```

ジケート・ローンの実行と引き換えに，V社が（各銀行にではなく）直接W信託銀行に抵当権を設定するという方法です（図9）。信託といえば受託者に対する財産の「譲渡」によって設定されることしか念頭にないとすると違和感があるかもしれませんが，信託の設定行為は財産の「処分」であればよく，「処分」の中には担保権の設定も含まれます。したがって，受託者となるべき人に向かって担保権設定をすることによっても，信託の設定は可能なのです。そのほか，受託者となるべき人に向かって賃借権の設定やライセンス権の設定をすることによっても，少なくともそれが第三者に対抗できるような権利の設定であれば，信託の設定が可能だと考えられています。このように，担保権などの設定により受託者に財産権を帰属させて信託を設定することを，財産の**設定的移転**による信託の設定と呼んでいます。

[II] 信託財産
将来の「もしも」に備える仕組み

信託財産は、もともと委託者に帰属していたものであり、信託の設定後は受託者に帰属します。しかし、すでに説明したように、信託財産は、信託の設定後は実質的には受益者のものであり、委託者または受託者について倒産手続が開始されても、当該倒産手続に影響されないこととされています。その意味で、受益者は、「もしも」のときに、委託者の倒産からも受託者の倒産からも守られています。ここで「守られている」というのは、受益者は信託財産を実質的に確保できるということです。

　受益者が信託財産の実質的な持ち主であるということを別の方向から見れば、信託財産が減ってしまったら、受益者の権利内容は減ることになります。受益者は、信託財産の減少の原因が受託者の義務違反にある場合にはその責任を追及することができますが、そうでない場合には、信託財産の減少のリスクを負担しなければなりません。受益者は、決まった額の支払いを受託者に求めることができる権利を持つわけではないのです。

　II章では、委託者について倒産手続が開始された場合、受託者について倒産手続が開始された場合、信託財産が減少してしまった場合を順に取り上げ、それぞれについて、受益者がどう保護されるのか、その限界はどこにあるのかを検討します。これらのルールは、信託一般に通ずるものですが、便宜上、I章で取り上げた資金調達における信託の利用例に即して説明することとします。

　すなわち、リース会社Xが、Y信託銀行との間で信託

契約を締結し、その保有する多数のリース債権（元本500億円相当）をY信託銀行に信託したうえで、ただちに受益権を優先受益権と劣後受益権に分割し、そのうち優先受益権を投資家Zに売却する事例（図6-1および6-2の資産の流動化取引）に沿って考えてみます。それに続けて、信託の当事者の財産の減少とは必ずしも関係はないのですが、信託行為の当初想定していなかった事態が発生した場合などに、どのような条件で信託の仕組みに重要な変更を加えることができるのかを説明します。

1 受益権を買ったあとに委託者が倒産したら

　リース会社Xが投資家Zに優先受益権を売却したあとは、優先受益権はZのものでありリース会社Xのものではありません。その代わり、対価として受け取った金銭はリース会社Xのものになっていますから、これがリース会社Xの債権者に対する弁済に充てられます。したがって、リース会社Xについて倒産手続が開始しても、リース会社Xの管財人は優先受益権をどうこうすることはできないはずです。そうだとすれば、リース会社Xが倒産しても、何事もなかったかのように信託は継続し、投資家Zは信託の利益を受け続けることができます。

　これは、投資家Zにとって、とても大切な信託の特長です。ただ、以下に述べるように、それには限界があります。

(1) **ストラクチャード・ファイナンス（仕組み金融）の基本設計**

　企業が資金を調達する最も単純な方法は，借入れです。これは，貸す方の立場から見れば，生き物に対する与信行為（貸付け）です。企業は生き物ですから，さまざまな可能性を持ち，さまざまな危険を抱えています。

　明日は，新技術の開発に成功して業界1位に躍り出るかもしれませんが，強力な競争者が出てくるかもしれませんし，財テクに失敗するかもしれません。新たな事業に進出しても成功するとは限りません。取引先に対する債務もあれば，他の銀行からの借入債務もあれば，従業員に対する給与支払債務もあるでしょう。生き物に対する与信行為は，貸出先が大きく育つ楽しみの裏返しとして，さまざまなリスクを引き受けることにほかなりません。投資家Zが，銀行借入れや社債発行残高の多いリース会社Xに対し，無担保で資金を貸し付けることを躊躇するのは当然です。

　これに対し，資産の流動化取引などのストラクチャード・ファイナンスは，すでに述べたように仕組みを工夫することにより，モノに対する与信行為を実現するものといえるでしょう。多くの従業員を抱え，さまざまな事業に従事し，さまざまな投資活動を行う企業が今後5年間に生み出すキャッシュフロー（現金）と異なり，同一のリース約款に基づいて発生した3000本のリース債権から今後5年間にどのようなキャッシュフロー（現金）が生まれるかは，過去の経験などに照らせば，ある程度予想することができます。

Ⅱ 信託財産

　そうだとすれば，投資家Ｚが，リース会社Ｘに対して資金を無担保で貸し付けることには躊躇を感じながらも，これら3000本のリース債権を実質的な引当てにして資金を融通することができると考えることに不思議はありません。そのような貸付けの方法としてすぐに思いつくのは，これらのリース債権を担保にした貸付けです。ただ，いくら担保に取ったとしても，リース会社Ｘについて会社更生手続が開始してしまうと，投資家Ｚの権利は，すでに説明したように更生担保権（囲み解説「倒産隔離とは？」参照）として制約されてしまいます。担保権者Ｚは，担保設定者であるリース会社Ｘの倒産の影響を受ける可能性があるのです。

　そこで，リース会社Ｘが，Ｙ信託銀行との間で信託契約を締結し，その保有する多数のリース債権（元本500億円相当）をＹ信託銀行に信託したうえで，ただちに受益権を優先受益権と劣後受益権に分割し，そのうち優先受益権を投資家Ｚに売却する取引（資産の流動化取引）が行われます。これは，受益権の売却の形を取っていますが，経済的にはリース会社Ｘによる資金調達の１つの方法です。

　投資家Ｚの立場から見ると，優先受益権，さらにはその背後にある信託財産（リース債権）というモノに対する与信行為なのです。投資家Ｚとしては，優先受益権が完全に自分のものとなり，リース会社Ｘが倒産しても何の影響も受けないのであれば，同じリース債権を担保に取って同じ金額を貸すよりも安心して受益権を買うことができます。

このような金融取引の前提，すなわち，信託を利用した上の取引の効力が，その意図に反して，委託者の経済的破綻により悪影響を受けるようなことがあると，投資家Zによる受益権の購入は，モノに対する与信行為とはいえなくなってしまいます。これは，ストラクチャード・ファイナンスの仕組みの崩壊を意味します。なんとしても避けなければならない事態といってよいでしょう。以下では，そのような事態が生じうる例外的な場合を見ることにします。

(2) 信託した時点で委託者が破綻しかかっていたとき

倒産しそうな個人が虎の子の不動産を誰かに廉価で売却してしまうと，その個人の財産が一気に減少し，その債権者が害されます。そこで民法は，その買主が事情を知っているなど一定の条件の下で，債権者に対し，そのような行為（詐害行為）を取り消す権利を与えています（民法424条1項）。これを**詐害行為取消権**と呼んでいます。同様に，倒産しそうな個人が誰かを受益者と指定して虎の子の不動産を信託することが許されるならば，その債権者は害されてしまいます。

そこで，信託法は，委託者の債権者が詐害行為取消権を行使して，このような信託（詐害信託）を取り消すことができるものとしました。その際，受託者は，対価を支払って信託財産を取得しているわけではありませんから，事情を知らない場合であっても，信託が取り消されることによって特に害されるわけではありません。そのようなことから，信託法は民法の特則を設け，委託者の

Ⅱ 信託財産

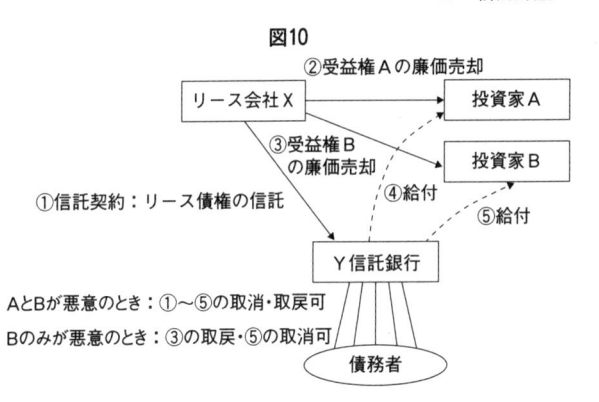

図10

```
                    ②受益権Aの廉価売却
    ┌─────────┐ ──────────────→ ┌─────────┐
    │ リース会社X │                      │ 投資家A  │
    └─────────┘ ╲                    └─────────┘
         │        ╲③受益権B           ┌─────────┐
         │         ╲の廉価売却  ──→   │ 投資家B  │
         │          ╲      ④給付      └─────────┘
 ①信託契約:リース債権の信託  ⑤給付
         │            ╲
         ↓             ╲
    ┌─────────┐
    │ Y信託銀行 │
    └─────────┘
```

AとBが悪意のとき:①〜⑤の取消・取戻可
Bのみが悪意のとき:③の取戻・⑤の取消可

（債務者）

　債権者は，委託者が自分の債権者を害することを知って信託をした場合に，受託者が債権者を害すべき事実を知っていたか否かにかかわらず，受託者に対し，民法上の詐害行為取消権を行使することができることとしました（11条1項）。この取消しの結果，信託がひっくり返って信託財産が委託者の手元に戻ることになります。なお，法律の世界では，悪質であるかどうかとは関係なく，事情を知っていることを悪意といい，事情を知らないことを善意といいますので，以下ではそれに従って説明します。

　たとえば，リース会社Xが，自分が実質的に債務超過状態にあることを知りながら（＝悪意で），優良資産であるリース債権を信託し，受益権を特定の第三者（投資家A）に廉価で譲渡するとすれば，Y信託銀行がそのあたりの事情を知らなくても（＝善意でも），リース会社Xの債権者は詐害信託として信託の設定を取り消すことができることになります（図10）。

もっとも，受益者の全部または一部が受益権を譲り受けたときにおいて委託者の債権者を害すべき事実を知らなかったとき（善意のとき）は，信託を取り消すことはできません（11条1項ただし書）。これにより，投資家Aが善意の場合，投資家Aは保護されることになります。しかし，そうなると，悪質な投資家Bは，受益権の買主の中に事情を知らない善意の投資家を1人紛れ込ませることにより，詐害信託の取消しを回避してしまうでしょう。

　そこで信託法は，詐害信託全体の取消しとは別に，委託者の債権者に対し，悪意の受益者が受託者から受けた信託財産の給付を個別に取り消したり，悪意の受益者の受益権を委託者に戻すことを請求したりすることを認めています（11条4項および5項）。委託者の債権者の利益と，善意の受益権譲受人の利益をうまく調整したルールだといえるでしょう。

　これに加えて，自己信託については，委託者の財産隠匿目的で悪用されることを懸念して，信託法は，委託者の債権者に特別な権限を与えています。すなわち，信託設定前から委託者に債権を有していた者は，受益者の全部または一部が受益権を譲り受けたときにおいて委託者の債権者を害すべき事実を知らなかったときを除いて，詐害信託を取り消すまでもなく，委託者に対する当該債権の回収のために，信託財産に対しても強制執行することができます（23条2項）。

　なお，委託者がその債権者を害することを知って信託をしたあとに倒産した場合には，管財人による否認の対象となります（12条）。否認とは，実質的な倒産状態に

図6−1＜再掲＞

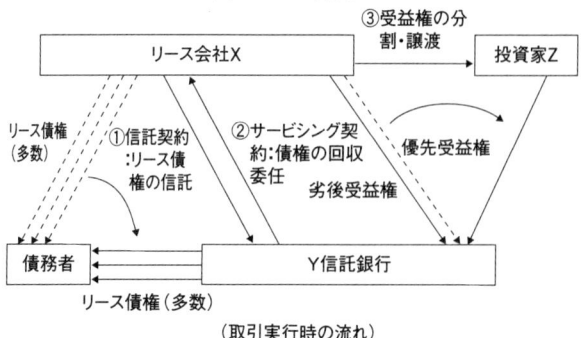

（取引実行時の流れ）

ある人が財産を贈与して自分の財産を一方的に減らしたり，残りわずかな資金を特定の債権者だけに弁済して債権者間に不公平を生じさせたりしたあとに倒産した場合に，管財人がその行為の効力を覆す制度です（破産法160条以下，民事再生法127条以下および会社更生法86条以下）。先の図10の事案で，リース会社Xが信託設定後に倒産した場合には，詐害行為取消権ではなく，管財人による否認が問題となります。

より現実に近い例でいえば，図6−1においてすでに見たように，リース会社Xが，Y信託銀行との間で信託契約を締結し，その保有する多数のリース債権（元本500億円相当）をY信託銀行に信託したうえで，ただちに受益権を優先受益権と劣後受益権に分割し，そのうち優先受益権を投資家Zに売却する事例（資産の流動化取引）において，投資家Zとしては，取引時点でリース会社Xが破綻しかかっていることに気づいたときは，要注意です。現実には，財務状況が悪化している企業こそ，

資産の流動化取引の手法を利用して、自分自身の信用リスクから切り離された資金調達をしたいと望んでいるわけです。このような企業による資産処分が、仮にその対価が適正であっても、あとで否認または詐害行為取消の対象になるかもしれないとすると、これに応じる買主がなかなか現れないこととなります。そこに悩ましい問題があるのですが、近年、この問題については、倒産法の分野で大きな制度改正がありました。

　実質的に破綻している会社であっても、財産を譲渡する際に、相当の対価を得ているのであれば、本来、譲渡人の債権者は害されないはずです。譲渡財産の代わりに同じ価値のお金が入ってくるからです。確かに、財産がお金に換わることについてはいろいろな見方がありますが、破産法、民事再生法、会社更生法など倒産法が2004年に大改正され、2005年1月1日から施行されたときに、この点について、相当価格をもってなされた財産の処分行為は、譲渡人の実質的破綻時期になされたとしても、原則として否認の対象にならないことが明確にされました（破産法161条、民事再生法127条の2および会社更生法86条の2）。これは、流動化取引に関わる者に大きな安心感を与えるものでした。ただ、民法上の詐害行為取消権の条文は以前のまま残っています。だからといって、財産を信託し相当価格をもって受益権を処分した場合にも詐害行為取消権が信託の設定または受益権の譲渡に及ぶとすれば、否認制度の改正は画に描いた餅となってしまいます。最近は、有力な学者が詐害行為取消権の解釈を新しい否認制度に合わせることを提唱しています。筆

者としては、この解釈の流れが定着することを願わずにはいられません。

(3) 信託したあとで委託者の信用が悪化し破綻したとき

リース会社Xが、Y信託銀行との間で信託契約を締結し、その保有する多数のリース債権（元本500億円相当）をY信託銀行に信託したうえで、ただちに受益権（元本の総額500億円）を優先受益権（元本450億円）と劣後受益権（元本50億円）に分割し、そのうち優先受益権を投資家Zに売却する事例（資産の流動化取引）において、取引の時点でリース会社Xの財政状態に問題がなければ、詐害信託も否認も問題となりません。それでは、取引実行後に委託者の信用が悪化することを気にする必要はないのでしょうか。すでに述べたように、資産の流動化取引においては、委託者の信用悪化を「気にする必要がない」と判断できるような仕組みが求められます。しかし、そう判断するためには、委託者が倒産したときに管財人から主張される可能性のあるいくつかの問題を検討しなければなりません。

以下では、典型的な資産の流動化取引の例を簡略化し、図6-1および6-2の例において、①優先受益権とは、信託期間（5年間）満了までの間、信託されたリース債権の回収金から毎月8億円を優先的に受け取ることができる受益権を意味し、劣後受益権とは、その残りの信託財産をすべて受け取ることができる受益権を意味すること、②リース会社Xが優先受益権を投資家Zに450億円で売却し、劣後受益権を保持し続けること、③リー

図11-1

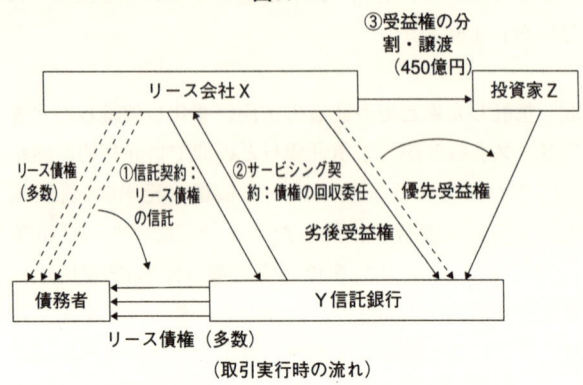

```
                                    ③受益権の分
                                      割・譲渡
                                     (450億円)
    ┌─────────────┐                  ┌─────────┐
    │  リース会社X  │─────────────────→│ 投資家Z │
    └─────────────┘                  └─────────┘
     ╱    │①信託契約：  │②サービシング契  優先受益権
リース債権  │リース債権    │約：債権の回収委任
 (多数)    │の信託        │     劣後受益権
           ↓              │
    ┌──────┐         ┌──────────┐
    │債務者│←────────│ Y信託銀行 │
    └──────┘         └──────────┘
       リース債権 (多数)
         (取引実行時の流れ)
```

ス会社XがY信託銀行の回収代理人という立場でリース債権の回収を引き続き行うことを前提とします（図11-1および11-2）。

①双務契約としての解除

第1に、委託者の管財人等による解除の問題があります。破産法、民事再生法または会社更生法の下では、倒産者が手続開始前に締結していた双務契約について、手続開始時にいずれの当事者も各自の債務の履行を完了していない場合には、管財人等は当該双務契約を解除することができます。

双務契約とは、売買契約（モノを引き渡す債務と代金を支払う債務）、賃貸借契約（貸す債務と賃料を支払う債務）など、契約当事者の双方に対価的な関係のある債務が発生する契約を意味します。ここで「対価的な関係のある債務」とは、「相手がそれをしてくれるなら自分はこれをしてあげよう」という関係に立つ契約当事者相

図11-2

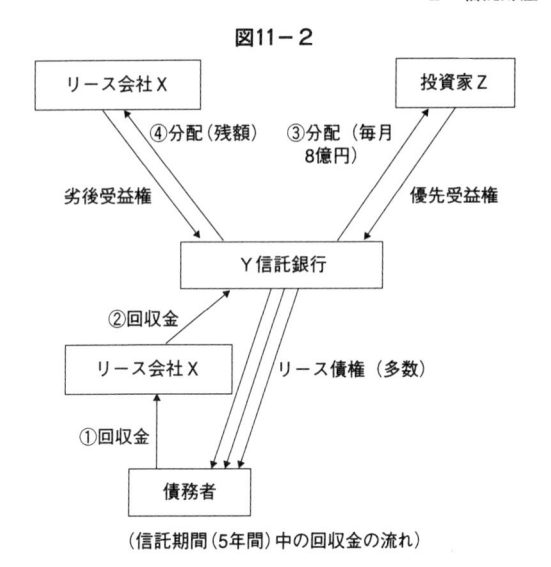

```
リース会社X                           投資家Z
      ④分配(残額)    ③分配(毎月
                        8億円)
  劣後受益権                         優先受益権
            ↘         ↙
              Y信託銀行
            ↗
         ②回収金
  リース会社X            リース債権(多数)
     ↑
   ①回収金
    債務者
```

(信託期間(5年間)中の回収金の流れ)

互の債務をいいます。信託契約においては，受託者が信託契約に従って信託財産を管理または処分する義務を受益者のために履行しなければならないことは明白ですが，委託者がいかなる債務を負っているのかは取引によってさまざまです。この点，信託契約において，受託者が信託事務を行うことの報酬（信託報酬）もそのための費用（信託費用）も信託財産からのみ受け取ることとしていれば，委託者には意味のある義務がもはや残っていないといえそうです。そのような信託契約は，双務契約ではないといえるでしょう。

しかし，たとえば，信託契約において，信託財産が不足する場合には信託報酬や信託費用を委託者にも請求することができる旨の定めがある場合，さらには，信託財

産が不足するか否かに関係なく、委託者がこれらを支払う旨の定めがある場合には、信託契約を双務契約と見る立場があります。他方、受託者の義務が受益者に向けられるものであることに着目し、受益権の大半を委託者が譲渡していれば、なお双務契約とはならないという見解もあります。

ここでは議論の詳細に立ち入ることはしませんが、流動化取引の設計においては、信託報酬支払義務など、受託者による信託事務の処理と対価的な関係にあると見られる可能性のある義務を、委託者に負わせないようにするほうが賢明です。あるいは、委託者について倒産手続が開始された場合には、受託者がただちに委託者の義務を免除することにより、双方未履行の双務契約という性格をなくしてしまうことも考えられるでしょう。

②真正売買性の否定

第2に、「Y信託銀行に対するリース債権の譲渡または投資家Zに対する受益権の譲渡は真正な譲渡ではなく、譲渡担保の設定その他の担保取引であって、投資家Zは完全な受益権を取得していない」と委託者の管財人等が主張することが考えられます。これは、一般に「真正売買 (true sale)」と呼ばれる問題ですが、法律的な言葉で言い換えるとすれば、「資産の流動化取引が譲渡担保の設定と評価されるか否か」の問題だと考えればよいでしょう。

仮に担保取引ということになると、たとえば、リース会社Xについて会社更生手続が開始した場合、投資家Zの立場は更生担保権者にすぎないこととなります(受益権

の譲受人ではなく，担保権者にすぎないこととされることの意味については，囲み解説「倒産隔離とは？」p20参照）。

このようなことがなぜ問題になるかというと，資産の流動化取引が，資産のうえに譲渡担保を設定する取引と本質的な点で似た面があるからです。上の設例でいえば，リース会社Xは，投資家Zから450億円を調達し，投資家Zに優先受益権を移転します。リース会社Xは，信託の設定後も引き続きリース債権を回収してY信託銀行に回収金を引き渡します。信託期間（5年間）中は，投資家ZがY信託銀行から優先受益権の配当として毎月8億円の支払を受け，リース会社Xが劣後受益権の配当として残りの回収金を受け取ります。

以上の取引における金銭のやりとりを事実として観察すれば，リース会社Xが自己の保有するリース債権（元本500億円相当）を担保にして投資家Zから450億円を借り入れ，リース債権の回収金の中から毎月8億円を5年間にわたって元利均等払いで返済しているのとたいへん似ています。そこで，リース会社Xにつき会社更生手続が開始した場合に更生管財人がこの資産流動化取引を一種の譲渡担保の設定と見て，投資家Zの権利を更生担保権として扱い，会社更生手続の制約を課すのではないかが問題となるわけです。

これは，信託の問題というよりは「（譲渡）担保とは何か」という問題です。確かに，所有権を移転する取引をその当事者が「売買だ」といえば，すべてが売買になるわけではありません。当事者間の金銭債務の支払を確

保するために,その支払が滞ったときには確定的に所有権を取り上げることを予定してモノの所有権をとりあえず(暫定的に)債権者に移転する行為は,その呼び方がどうであれ,譲渡担保の設定と評価されるはずです。

他方で,所有するモノの価値を利用して資金を調達しようとするときには,当事者(資金調達者と資金提供者)の交渉力やニーズに応じて,さまざまな法律構成が選択されます。そのときに,「経済的に似ている」というだけの理由で,そのすべてが譲渡担保の設定と評価されることにはなりません。多様な法律構成の中から当事者が交渉力やニーズに応じて特定の法律構成を選択した場合に,元の所有者が倒産したときにすべてを「担保の設定」とみなすのは行きすぎです。当事者の選択は,一方が他方の仮装ということでなければ,原則として尊重されるべきものです。

真正売買の問題は,モノの元所有者がモノを譲渡して資金を調達したあとに倒産した場合に,その譲渡行為が担保権の設定として扱われるか否かの問題ではあるのですが,結局は「何をもって担保権の設定と評価するか」という担保の本質論に帰着する難しい問題といえます。

③裁判所の命令による信託の終了

第3に,委託者の管財人が「委託者が倒産してしまった以上,信託を終了させて信託財産を換金してしまいたい」と主張することが考えられます。

以前の信託法の下では,受益権のすべてを保有する委託者が破綻した場合には,信託契約において委託者の解除権を排除していても,委託者の管財人は,信託契約を

図12

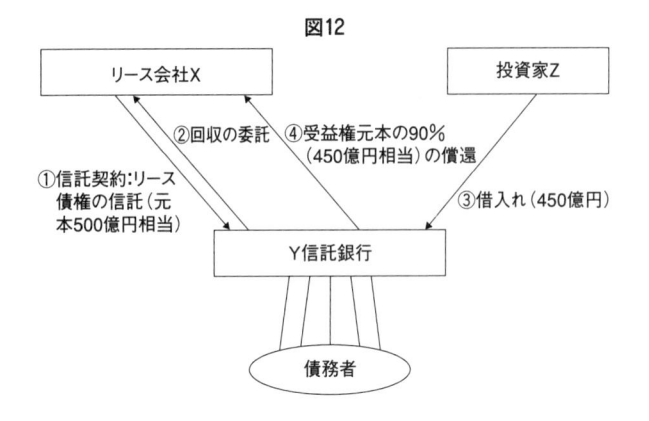

```
リース会社X                          投資家Z
   │  ↑                              ↑  │
   │  │②回収の委託  ④受益権元本の90%   │  │
   │  │            (450億円相当)の償還 │  │
①信託契約:リース                        ③借入れ(450億円)
 債権の信託(元
 本500億円相当)
   │  │                              │  │
   ↓  │                              │  ↓
          Y信託銀行
             │
          債務者
```

解除する命令を裁判所に求めることができる場合があると考えられていました。先の設例においては、受益権が優先受益権と劣後受益権に分割されて別々の受益者に帰属していますから、委託者の管財人による解除命令の申立ては認められないでしょう。

しかし、資産の流動化取引の中には、委託者がすべての受益権を保有する場合も少なくありません。たとえば、先の設例に代えて、リース会社Xが、Y信託銀行との間で信託契約を締結し、その保有する多数のリース債権（元本500億円相当）をY信託銀行に信託したうえで、Y信託銀行に信託財産の負担で投資家Zから450億円を借り入れさせ、ただちに受益権の大半（当初元本の総額500億円のうち450億円相当分）をその金銭をもって償還させることにより450億円を調達する場合もあります（図12）。

この種の取引においては、その後、Y信託銀行がリー

ス債権からの回収金をもって投資家Zに借入金を弁済し，余剰があれば受益者であるリース会社Xに分配することになります。このような取引については，以前は上の解除命令をどう回避するかが重要な問題の1つとなっていました。

この点，信託法の下では，先に述べた双方未履行の双務契約に該当しない限り，すべての受益権を保有する委託者が破綻したというだけの理由では，信託契約を解除することはできません。確かに，「信託行為の当時予見することのできなかった特別の事情により，信託を終了することが信託の目的及び信託財産の状況その他の事情に照らして受益者の利益に適合するに至ったことが明らかであるときは，裁判所は，委託者，受託者又は受益者の申立てにより，信託の終了を命ずることができる。」(165条1項) という定めはあります。

しかし，流動化取引は，まさに委託者の倒産から影響を受けないことを目的としているのであって，委託者の破綻は予見できなかった特別の事情とはいえませんし，委託者の破綻により信託を終了するとすれば信託目的に反することが明らかです。したがって，一般論としていえば，信託法の下では，裁判所による解除命令に関する従来の懸念は解消されたといってよいでしょう。信託法改正要綱試案の補足説明においても，そのような見解が示されています。

④サービサーリスクまたはコミングリングリスク

第4に，委託者の管財人が，リース債権の回収代理人という立場において，回収金のうち倒産手続開始前に受

託者に引き渡していなかった金額について、受託者の回収金引渡請求権を無担保の一般債権として扱うことが考えられます（債務者の倒産手続において、無担保の債権者にすぎないこととされることの意味については、囲み解説「倒産隔離とは？」p20参照）。これは、投資家から見ていわゆるサービサーリスクまたはコミングリングリスクと呼ばれるもので、リース債権をいかに委託者の倒産手続から隔離したとしても、金銭に形を変えて委託者の手元に残っている限度では避けがたいリスクです。

　もっとも、今まで何の対応も検討されてこなかったわけではありません。たとえば、流動化取引の実行時から、あるいは、実行後委託者の格付けが下がるなど一定の事由が発生した時点から、受託者が委託者から金銭の追加信託を受けてこれを準備金として積み立て、引渡し未了の回収金が委託者の倒産手続に服してしまった場合には、この準備金を取り崩して優先受益者への配当に充てることがあります。また、委託者の格付けが下がるなど一定の事由が発生した場合に、回収金を委託者の手元に置いておく期間を短縮し、頻繁に受託者に引き渡してもらうように定めることもあります。

　そのほかに、回収金を保管するための専用口座（頻繁に出し入れすることが必要ですから、普通預金口座を想定します）を委託者に開設してもらい、その口座に入っている金銭を受託者のものとするような法律構成も検討されてきました。ただ、そのためには、回収代理人（委託者）が開設し管理する預金口座であるにもかかわらず受託者の預金口座とみなす（預金債権を信託財産とす

図13

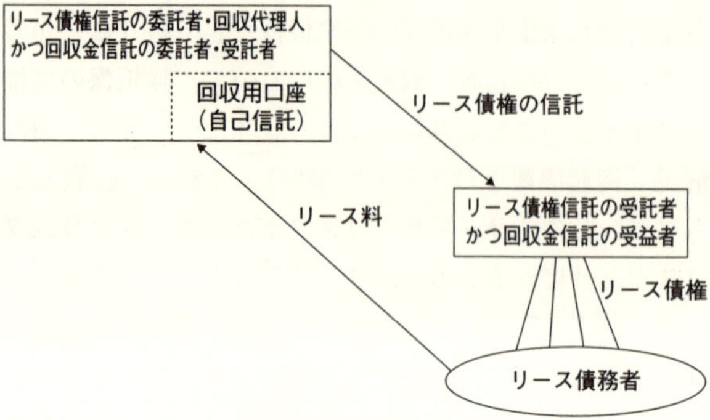

```
┌─────────────────────────────────┐
│ リース債権信託の委託者・回収代理人 │
│ かつ回収金信託の委託者・受託者    │          リース債権の信託
│  ┌──────────────┐               │ ──────────────→
│  │  回収用口座   │               │
│  │  (自己信託)   │               │        ┌──────────────────┐
│  └──────────────┘               │        │ リース債権信託の受託者│
└─────────────────────────────────┘        │ かつ回収金信託の受益者│
         ↑           リース料              └──────────────────┘
         └─────────────────────────────          │ リース債権
                                                 │
                                          ┌──────────────┐
                                          │ リース債務者  │
                                          └──────────────┘
```

る）か，回収金引渡請求権を被担保債権として普通預金口座のうえに担保権を設定する必要があります。前者の法律構成は近時の判例によれば難しく，後者はその有効性についてまだ議論が確立していません。そこで，委託者が専用口座に入っている金銭またはその預金債権を信託財産として自己信託をしてこの回収金信託の受託者となり，流動化取引におけるリース債権信託の受託者を受益者として指定することが考えられます（図13）。この方法が利用できるようになれば，流動化取引におけるサービサーリスクの軽減に大きな役割を果たすことになります。

2 財産を託した受託者が倒産したら

伝統的に，信託制度の財産的側面における最大の特長は，信託財産の独立性にあるといわれてきました。これは，受託者の財政状態が悪化しても信託財産はその悪影

響を受けず，信託財産は受託者自身の債権者による強制執行や受託者の倒産手続の対象とならず，その結果として，受益者は受託者の信用リスクから保護されるという原則です。

この原則は，信託法が新しくなっても変わるところはなく，むしろもともと条文上不明確であったところが明確化されました。

(1) 自分のものだといえるのか——安心して託すための条件

資産の流動化取引は，投資家から見れば，モノに対する与信であり，モノから将来生ずる現金をもって回収する投資です。ここでも，リース会社Xが，Y信託銀行との間で信託契約を締結し，その保有する多数のリース債権（元本500億円相当）をY信託銀行に信託したうえで，ただちに受益権を優先受益権と劣後受益権に分けて優先受益権を投資家Zに売却する事例で考えましょう。

投資家Zは，リース債権がいくつも貸倒れになり，回収金が減ってしまう可能性は覚悟のうえですし，それが劣後受益権に基づく分配額を減らすにとどまらず，優先受益権に基づく分配額に悪影響が生ずるに至る可能性はごく小さいと考えるからこそ優先受益権を買うわけです。そこでの関心事は主としてリース会社Xの信用リスクからのリース債権の切り離しであり，すでに説明したように，信託を利用してそれを実現しようとしています。ただ，いくらリース会社Xの信用リスクからリース債権を切り離せても，Y信託銀行の信用リスクを投資家Zが負うことになってしまったら，元の目的（モノに対

する与信)を達成することができません。

すでに述べたように,信託は,その点にも対処することができる制度です。すなわち,信託法は,信託財産を受託者の破綻からも隔離しています。たとえば,受託者について破産手続が開始されても,新たに別の受託者を選任してそちらに信託財産を移し,信託を継続させたり,受益者が信託財産を取り戻したりすることができるのです。

以下では,もう少し具体的に信託法の定めを見てみることにしましょう。

(2) 受託者の倒産手続での取扱い

信託法は,受託者が破産手続開始の決定を受けた場合であっても信託財産は破産財団(破産手続が開始した時に破産者が有していた財産の総体を指します。これが,破産手続開始時の債権者への返済に充てられます)に属しないこと(25条1項)と,受益債権(=受益権に基づく財産給付請求権)や信託財産のみを引当てとする債権は破産債権にならないこと(25条2項)を明確に定め,さらに,信託財産と受託者の固有財産の双方を引当てとする債権についての免責の効果は,信託財産には及ばないこと(25条3項)とし,信託財産を取り巻く財産および負債が受託者の破産手続から切り離されることを明らかにしています。同様の規定(25条4項~6項)が民事再生手続について置かれ,それを会社更生について準用する規定(25条7項)があわせて置かれましたから,信託財産が受託者の倒産手続に服さないことが明らかにされ

たといえます。

このうち，民事再生手続や会社更生手続においては，信託行為において倒産手続の開始が信託の終了事由として定められていない限り，信託がそのまま継続するだけですから，特にそれ以上の問題はありません。しかし，破産手続の場合は，破産者は解散し，消滅する運命にありますから，信託財産が破産手続に服さないというだけでは不十分で，代わりの受託者が必要です。

そこで，信託法は，受託者についての破産手続の開始を（信託の終了事由ではなく）受託者の任務終了事由として定め（56条1項3号），信託行為にその場合の手当てがなされていない場合には，委託者と受益者との合意または利害関係人による裁判所への申立てにより，新受託者を選任することとしています（62条）。

(3) 受託者の債権者による差押・相殺の禁止

①受託者の債権者による信託財産の差押禁止

受託者が倒産するまでに至っていない場合であっても，受託者の財務状態が悪化し，受託者自身が負担している債務を支払うことができなくなってしまうと，受託者固有の債権者が受託者の所有している財産を差し押さえるおそれが生じます。その場合に，受託者の固有財産が差押の対象となるのは当然ですが，受託者が受託している信託財産が差押の対象となっては困ります。信託財産は，確かに受託者の所有財産ではありますが，受益者のために受託者が管理または処分する財産であって，受託者の債権者が経済価値を期待すべき財産ではないから

です。

そこで，信託法は，23条1項において，信託財産をもって履行する責任を負う債務の不履行などの場合を除き，信託財産に属する財産に対して強制執行，仮差押，仮処分もしくは担保権の実行もしくは競売または国税滞納処分をすることを禁じています。

もし，受託者固有の債権者がこれに反して信託財産に対し強制執行，仮差押，仮処分または担保権の実行もしくは競売をした場合には，受託者または受益者は，異議を主張することができます。その場合，民事執行法または民事保全法の第三者異議の訴えの規定が準用されます（23条5項）。第三者異議の訴えは，債権者が債務者以外の第三者の所有物を間違えて差し押さえてしまったときに，当該第三者が差押の効果を排除するために利用する手続ですから，受託者固有の債権者が信託財産を差し押さえたときに受益者が異議を主張するための手続として適切なものです。同様に，23条1項に反する国税滞納処分に対しては，受託者または受益者は，不服申立の方法により，異議を主張することができます（23条6項）。

以上のような「受託者の債権者による差押等の禁止」は，信託財産の独立性を基礎づける重要な要素といえます。ただし，登記または登録をしなければ権利の得喪および変更を第三者に対抗することができない財産（不動産など）については，信託の登記または登録（信託を設定するときの受託者への移転登記または登録ではなく，信託財産であることの登記または登録を意味します）がある場合に限り，信託財産の独立性が認められます（14

図14

```
┌─────────────────────┐
│       受託者         │
│ 固有財産 : 信託財産  │
└─────────────────────┘
     ↑①        ↑②
┌─────────────────────┐
│  受託者自身の債権者かつ  │
│ 信託財産に属する債権の債務者 │
└─────────────────────┘
```

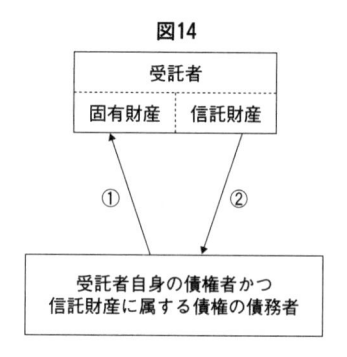

条)。そのような財産について信託の登記または登録がない場合には，受託者の財産であるかのような外観となりますから，当該信託財産の価値に対する受託者の債権者の期待が保護に値しないとはいえなくなるからです。

②受託者の債務と信託に属する債権の相殺禁止

また，受託者自身の債権者が信託財産に属する債権の債務者でもある場合（図14）には，当該債権者がこの2つの債権を相殺することができるとすると，受託者固有の債務が消滅する代わりに，信託財産に属する債権が消滅してしまいます。その場合に，受託者がただちに固有財産から同額を信託財産に補填すれば害はないのですが，受託者が無資力状態にあるときに相殺が生ずると，そのような補填がなされずに信託財産が毀損してしまうことになります。これは，受託者固有の債権者が信託財産の負担の下に満足を受ける点で，先の差押の例に似た問題といえます。すなわち，信託財産が受託者の信用リスクにさらされてしまうという問題です。

信託法22条1項は、そこで、そのような相殺を原則として禁止しました。信託財産に属する債権は、通常、登記または登録をしなければ権利の得喪および変更を第三者に対抗することができない財産ではありませんから、この相殺禁止については、信託の登記または登録が要求されることはありません。

もっとも、相殺の場合には、差押と異なり、相手方の相殺期待を一定程度保護する必要があります。たとえば、一般論としていえば、信託銀行から住宅ローンを借りるときに、借主は、信託銀行がたまたま貸付信託の信託財産の運用として貸し付けたのか、銀行として貸し付けたのかを知らない場合が多いのではないでしょうか。それにもかかわらず、その後信託銀行が破綻してしまったときに、ある借主は預金と相殺することができるのに、他の借主は預金との相殺が禁じられ、預金保険によってカバーされない金額について預金の多くを失ってしまうというのは、バランスを失します。

そのような場合を考慮して、信託法22条は、以下の場合に相殺の禁止に例外を設けています。第1の例外は、ある信託財産に対し債務（図14の②）を負担し、かつ、受託者の固有財産または他の信託の信託財産のみをもって支払われる債権（図14の①）を有する者が、当該債務②を負担したときまたは当該債権①を取得したときのいずれか遅いときにおいて、当該債務②が固有財産または他の信託の信託財産に対する債務でないことを知らず、かつ、知らなかったことにつき過失がなかった場合に認められます（22条1項1号）。

Ⅱ 信託財産

　この例外規定によって，上の例で貸付信託から住宅ローンを借りた借主は，保護される（預金との相殺をすることができる）ことになりそうです。もっとも，信託銀行がローンを実行する際に貸付信託からの貸付けであるため預金との相殺ができないことを借主にきちんと説明すれば，例外規定の適用はなくなるでしょう。

　2つ目の例外は，ある信託財産に対し債務（図14の②）を負担し，かつ，受託者の固有財産または他の信託の信託財産のみをもって支払われる債権（図14の①）を有する者が，当該債務②を負担したときまたは当該債権①を取得したときのいずれか遅いときにおいて，当該債権①が当該信託の信託財産をもって支払われるものでないことを知らず，かつ，知らなかったことにつき過失がなかった場合に認められます（22条1項2号）。第1の例外規定と異なり，こちらの例外規定が適用される場面は，あまりないのではないかと考えられます。

　3つ目の例外は，利益相反取引の禁止規定の例外要件（これは，あとで受託者の忠実義務に関して説明します）を満たす場合に，受託者が相殺を承認した場合です（22条2項）。この例外により，たとえば，信託財産に属する債権（図14の②）が不良債権となってしまっているときに，相殺によって当該債権②と反対債権①を消滅させることができます。その場合は，信託財産の犠牲の下に固有財産の債務を消滅させたわけですから，受託者は，固有財産から相殺額相当の金銭を信託財産に移さなければなりません。これは，受託者が破綻していなければ，受益者にとってありがたい処理といえるでしょう。

79

3　託した財産が減ってしまったら

　繰り返しになりますが,資産の流動化取引は,投資家から見れば,モノに対する与信であり,モノから将来生ずる現金をもって回収する投資です。

　リース会社Xが,Y信託銀行との間で信託契約を締結し,その保有する多数のリース債権(元本500億円相当)をY信託銀行に信託したうえで,ただちに受益権を優先受益権と劣後受益権に分けて優先受益権を投資家Zに売却する事例でいえば,投資家Zは,リース債権がいくつも貸倒れになり,回収金が減ってしまう可能性は覚悟のうえですし,それが劣後受益権に基づく分配額を減らすにとどまらず,優先受益権に基づく分配額に悪影響が生ずるに至る可能性はごく小さいと考えるからこそ優先受益権を買うわけです。したがって,信託財産が減ってしまったときに,その減少の原因が受託者の義務違反でない場合には,投資家Zがその損失を負担すべきものといえます。

　ここでの問題は,受託者の過失なしに信託財産の価値が大幅に減少して信託費用や信託報酬すら支払えなくなってしまったときや,信託事務処理の過程で受託者が過失なく第三者に対し多額の債務を負うこととなった結果,信託財産がマイナスになってしまったときに,最終的に誰がそれを負担するのかというところにあります。受益者が受益権を失うだけではなく追加負担を求められることになるのでしょうか。受託者が自腹を切る羽目に

なるのでしょうか。それとも，委託者が最終的に負担することになるのでしょうか。

この問題は，信託財産や信託事務が多様化し，信託財産がマイナスになる事態が絵空事ではなくなってくると，これまでにも増して重大な問題となるかもしれません。従来は，不動産の信託において，土壌汚染が発覚して多大な浄化費用がかかったり他人に損害賠償責任を負ったりした場合，地震により建物の一部が倒壊し危険を回避するために大規模な修繕が必要となった場合，受託した土地に抵当権を設定して金銭を借入れたうえ建物を建設したところ不動産価額が下落して借入金の返済ができなくなった場合など，主として不動産の信託において関心を集めた問題です。今後は，知的財産権の信託や事業信託においても問題となる可能性があります。

(1) **費用や報酬を受託者に払わなくてもよいのか**

以前の信託法の下では，受託者が信託費用および信託報酬を受ける権利は，信託契約に別段の定めを置かない限り，手厚く保護されていました。これらを信託財産から受け取ることができるのはもちろん，信託財産に属する金銭が足りなくなっても，信託財産を処分したうえで収受するか，受益権が放棄されていない限り，受益者に請求することができました。また，これらを信託財産から受け取る権利については，一般の先取特権に準じた優先権が認められていました。したがって，信託財産を引当てにする他の債権者が信託財産を差し押さえても，その換価代金から優先的に配当を受けることができること

とされていました。

このように受託者を手厚く保護する一方で,受益者が当然に損失の負担を求められることに関しては,受益者に不測の損害を負担させるものとして従来から批判が強く,信託法は,それまでのルールを大幅に変更しました。

受託者は,従来と同様に,信託契約に別段の定めがない限り,信託財産から信託費用の前払を受けるか,支出の日以後におけるその利息および受託者が被った損失を含めて,支出後に信託財産から受け取ることができます。同様に,信託財産から信託報酬を受けることができます(48条ないし50条ならびに53条および54条。ただし,49条2項,6項および7項を除きます)。信託財産に属する金銭が足りないときは,信託契約に別段の定めがない限り,信託財産を処分することもできます。

しかし,当該信託財産を処分してしまうと信託目的を達成することができなくなる場合には,これを処分することはできません(49条2項)。さらに,受託者の信託財産に対する費用償還請求権は,信託財産に対する強制執行や担保権の実行手続において金銭債権とみなされ(49条4項),信託費用のうち,信託財産を引当てにする債権者の共同の利益のためにされた信託財産の保存,清算または配当に関する費用について,利益を受けた債権者との関係で優先するにすぎません(49条6項)。

また,①信託財産の価値の維持のために必要であると認められる費用についてはその金額につき,②信託財産の価値の増加に有益であると認められる費用についてはその金額または現存する増価額のいずれか低い金額につ

き，その信託財産に対する強制執行や担保権の実行手続において受託者の権利が他の債権者にそれぞれ優先するにすぎません（49条7項）。

なお，信託契約とは別に委託者または受益者と個別に契約しない限り，受託者は，委託者または受益者に対して信託費用の前払もしくは償還または信託報酬を求めることはできません（48条5項および54条4項）。

以上からすれば，信託法の下では，信託費用や信託報酬を信託財産から差し引かれることはあっても，特段の合意をしない限り，受益者自身がそれらを支払う義務を負わないという点で，受益者の有限責任は確保されているといえます。他方，受託者は，自らに何ら過失がなくても，自腹を切らなければならない可能性があります。そこで，信託法は，受託者をそのような危険から一定程度保護するために以下のような配慮をしています。

まず，受託者は，信託財産から信託費用および信託報酬を受けるまでの間は，受益者または信託行為に定められた信託財産の帰属権利者に対し，信託財産の引き渡しを拒むことができます（51条）。さらに，受託者は，信託財産が信託費用および信託報酬を受けるのに不足している場合において，委託者および受益者に対し，相当の期間内に委託者または受益者から信託費用および信託報酬を受けないときは信託を終了させる旨を通知し，当該期間の経過後も委託者または受益者から信託費用および信託報酬を受けられなかったときは，信託を終了させることができます（52条）。受託者は，このようにして，自ら負担することとなる損失の拡大を回避することがで

きます。

(2) 限定責任信託 (LLT：Limited Liability Trust)

　以上のように，信託法は，信託契約に特段の定めを置かない限り，受益者の有限責任を確保する一方で，受託者には対外的に無限責任を負わせたうえで，受益者に対する費用償還請求権を否定し，信託財産に対する優先権を制限しています。

　そうなると，信託した土地を引当てに受託者が金銭を借り入れて建物を建てることを目的とする土地信託，第三者から無効を争われている特許権のライセンス交渉その他の管理を目的とする信託，火力発電事業の信託など，リスクの高い財産や事業を受託することは，たいへん難しくなるといっていいでしょう。実際にも，バブルの時代に受託した土地信託の中には，信託財産を引当てに借り入れた債務の返済ができなくなってしまったものがあるといわれています。受益者に損失の負担を求められなくなってしまうとすれば，受託者が自腹を切ることは杞憂とはいえません。

　信託法は，そこで，受託者が信託財産をもって履行する責任を負う債務のすべてについて，信託財産のみが責任財産となるような信託の設定を認めています。このような信託を，信託法は**限定責任信託**と呼んでいます。

　限定責任信託は，信託行為において，受託者が信託財産をもって履行する責任を負う債務のすべてについて受託者が信託財産のみをもって履行する責任を負う旨の定めをし，それとともに限定責任信託の目的および名称，

Ⅱ 信託財産

委託者および受託者の氏名または名称および住所，主たる事務処理地，信託財産の管理または処分の方法その他の事項を定めたうえで，限定責任信託の目的および名称，受託者の氏名または名称および住所，主たる事務処理地，信託の終了事由についての信託行為の定めその他の事項を登記することにより，効力を生じます（216条）。

その結果，受託者が信託財産をもって履行する責任を負う債務（ただし，受託者が信託事務をするについてした不法行為によって生じた債務を除きます）について，受託者の固有財産に強制執行，仮差押，仮処分もしくは担保権の実行もしくは競売または国税滞納処分をすることはできません（217条1項）。受託者は，それに反する強制執行，仮差押，仮処分または担保権の実行もしくは競売に対しては，民事執行法および民事保全法に基づく第三者異議に準じて異議を主張することができ，それに反する国税滞納処分に対しては，不服申立の方法で異議を主張することができることになっています（217条2項および3項）。

このような限定責任信託の制度は，リスクの高い財産や事業の信託を受けようとする受託者に一定の安心感を与え，これを促進する効果が期待されるものですが，他方で，受託者の取引相手に不測の損害を与えるおそれがあります。

そこで信託法は，限定責任信託の成立要件として上に述べたように登記による公示を求めるとともに，限定責任信託にはその名称中に限定責任信託という文字を用い

なければならないこととしました（218条1項）。また，取引の相手方に限定責任信託である旨を表示しなければ当該相手方に限定責任を主張できないこととしています（219条）。さらに，受託者に対し一定のルールに従って限定責任信託の会計帳簿および計算書類を作成・保存することを義務づけ（222条），純資産額の範囲内において法務省令で定める方法により算定される給付可能額を超えて受益者に対する信託財産を給付することを禁じ（225条），給付可能額を超えた給付を行った受託者に対し，その職務を行うについて注意を怠らなかったことを証明した場合を除き，信託財産の塡補を義務づけています（226条1項）。

加えて受託者は，信託事務を行うについて悪意または重大な過失があったときは，それによって第三者に生じた損害を賠償する責任を負うこととされています（224条1項）。

確かに，上に説明したように，受託者が信託事務をする際に起こした不法行為によって生じた債務は，限定責任信託であっても，そもそも責任が信託財産に限定されません。しかし，たとえば受託者が重大な過失によって無謀な投資をした結果信託財産が著しく減少し，信託財産の負担する債務の支払ができなくなった場合など，受託者の行為が第三者との関係で不法行為とまではいえない場合があります。そのような場合でも，受託者の悪意または重大な過失により損害を受けた第三者（たとえば債務の支払を受けられなくなった信託債権者）は，受託者に損害賠償を請求することができるのです。

Ⅱ　信託財産

(3) 信託財産の破産

　信託法とともに，破産法が改正され，信託財産について破産制度が導入されました。これは，信託財産が経済的に破綻してしまったときに，あたかも信託財産が1つの会社であるかのように，破産手続を適用して財産を債権者間に公平に分配する制度です。限定責任信託，受益証券発行信託，受益証券発行限定責任信託などが導入され，信託が会社に近づいていく中で，財政的失敗の処理についても同じように扱おうとするものです。

　①信託財産の破産手続の概要

　信託債権を有する者，受益者，受託者などは，信託財産が支払不能または債務超過にあるときは，裁判所に破産手続開始の申立をすることができます（破産法244条の3および244条の4）。ここで，「信託債権」とは，信託財産に対する債権のうち受益者の債権を除くものです（破産法244条の4および信託法21条2項2号）。「支払不能」とは，受託者が，信託財産による支払能力を欠くために，信託財産の負担する債務のうち弁済期にあるものを一般的かつ継続的に弁済することができない状態をいいます（破産法2条11項）。また，「債務超過」とは，受託者が，信託財産の負担する債務について，信託財産をもって完済することができない状態をいいます（破産法244条の3）。

　したがって，わかりやすく言い換えれば，資金不足により信託財産が債務を支払えなくなるか，信託財産に比べて債務が大きすぎることになると，信託財産は，関係者の申立により破産するということになります。

　信託財産について破産手続が開始されると，基本的に

は，信託財産が1つの会社であるかのように手続が進行するわけですが，その際，特則として，①受益者の債権が支払を受ける順位は，一般の信託債権が支払を受ける順位よりあとになり，約定劣後破産債権が受益者の債権より優先する旨を信託行為に定めない限り，約定劣後破産債権と同一順位となります（破産法244条の7第2項および3項）。ここで「約定劣後破産債権」とは，債務者が，破産する前に，特定の債権について，債務者が破産した場合には他の債権よりも弁済の順位を低くしてもらって構わない旨を債権者と同意した場合のその債権（約定劣後債権）をいいます（破産法99条2項）。また，②受託者が信託財産から信託費用を受け取る権利は，信託財産に対する金銭債権として扱われます（破産法244条の8）。

図15の例でいえば，信託財産240に対し，一般の信託債権が100，約定劣後債権が100，受託者の報酬・費用請求権が100，受益債権が100という状況で信託財産につき破産手続が開始した場合，一般の信託債権者と受託者はそれぞれ全額（100）を受け取ることができますが，約定劣後債権者と受益者は20ずつしか受け取ることができません。約定劣後債権が受益債権より優先する定めがある場合には，約定劣後債権者が40受け取り，受益者は何も受け取れないことになります。

すなわち，受益者は，会社が破産したときの株主と同じように扱われ，一般債権者に財産を分配したあとに残余財産があるときだけ，その分配に加わることができることになります。この破産手続は，信託財産を1つの会

図15

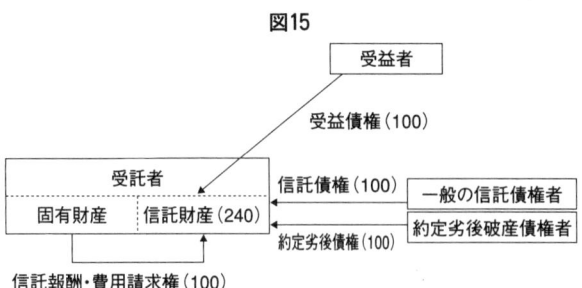

```
                            ┌─────────┐
                            │ 受益者  │
                            └─────────┘
                                 │
                            受益債権(100)
                                 ↓
┌──────────────────────────┐ 信託債権(100)  ┌──────────────────┐
│        受託者             │←──────────────│ 一般の信託債権者  │
├──────────┬───────────────┤               ├──────────────────┤
│ 固有財産 │ 信託財産(240) │←──────────────│約定劣後破産債権者│
└──────────┴───────────────┘ 約定劣後債権(100)└──────────────┘
      ↑
信託報酬・費用請求権(100)
```

配当受領額
第1順位： 信託債権者　　　　　　100
　　　　　受託者　　　　　　　　100
第2順位： 約定劣後破産債権者　　20（特約あれば40）
　　　　　受益者　　　　　　　　20（上記括弧書の場合0）

社のようにみなして，信託財産に対する債権者に対して信託財産を平等に分配する手続ですから，受託者の固有財産や他の信託の信託財産に対する債権者は，この破産手続に参加して分配を受けることはできません（破産法244条の9）。

②破産手続導入の実際上の意味

このような信託財産の破産手続の導入によって，誰が得をして，誰が損をしたのでしょう。改正前の破産法および信託法が適用される場合と比べると，以下のようなことがいえます。

たとえば，委託者がその所有する土地を信託して，受託者がその土地に抵当権を設定して銀行から資金を借り入れ，土地の上に建物を建てて他人に賃貸し，その収益を受益者でもある委託者に分配するという土地信託が，バブル経済の時代には盛んに行われました。その後バブル経済が終わり，不動産価格が下落すると，多くの土地

信託において，賃料収入が減少して利払いが滞りがちになり，抵当権を実行しても借入金の一部しか返すことができない状況になったわけです。貸付人はさぞかし困っただろうと想像する人が多いかもしれません。

実は，少なくとも法律上は，それほど困らなかったのです。なぜなら，信託財産に対して債権を有する人は，信託財産のみを引き当てにする（＝信託財産からしか弁済を受けられなくてもよい）旨を受託者との間で合意しない限り，受託者の固有財産に対しても強制執行をすることができるからです。信託財産の独立性は，受託者の固有財産に対する債権者が信託財産に強制執行をすることを禁ずるものであって，その逆は禁じられないのです。以前は，土地信託の受託者といえば信託銀行に決まっていましたから，その信用力はたいへん高く，貸付人としては，信託財産が減少してしまっても，安心していられたわけです。

それでは，信託銀行が困ったのでしょうか。必ずしもそうだったわけではありません。信託銀行は，固有財産をもって借入金を返済しなければならなくなったときに，信託財産に求償するだけではなく，以前の信託法の下では，信託契約で特に禁じられていない限り，信託事務の遂行のために支出した金額を受益者に求償することができたのです。実のところ，受益者に対しては，支出前に請求すること（前払請求）すら認められていました。

したがって，信託財産の価値が下落してしまっても，信託銀行としては，受益者でもある委託者が裕福であれば，借入金を固有財産から弁済しても，委託者から求償

を受けることができました。ただし、委託者の資産が十分でない場合は、受託者は自腹を切らざるを得ないことになりましたし、委託者の資産が十分であっても、委託者に受益権を放棄されてしまうと、以前の信託法の下では、受益者に対する求償権の行使が制約されましたので、安心できない状況だったといえます。このように、以前は、受益者もしくは受託者またはその双方が信託財産の破綻の後始末をしなければならなかったわけです。

　そうだとすると、信託財産が支払不能または債務超過となり、そのまま放置すればさらに傷口が広がることが見込まれるときに、信託財産の破産手続の開始によって傷口の拡大を止めることの恩恵を受けることとなったのは、損失負担ルールが以前のままであれば、主として受託者と受益者だということになったはずです。ただ、新しい信託法の下では、特に別途の合意をしない限り、受託者は、受益者に対して信託事務の遂行に必要な支出額の支払を求めることができなくなりました。したがって、今は、そのような負担合意をしない限り、受益者は信託財産の破綻をおそれる必要がなくなったわけです。すなわち、現在の信託法の下で、信託財産の破産制度の恩恵を最も受けるのは、受託者だといえそうです。

4　信託の仕組みを変える必要が生じたら

　将来の「もしも」に備える仕組みとして、委託者の破綻、受託者の破綻、信託財産の減少など、信託をめぐる財産の減少に伴うリスク分担のルールを見てきました

が，将来の「もしも」は，財産の減少に限られるものではありません。信託行為の当時に予想できなかったそれ以外の事態が生じたときに，信託行為の条項を修正すべき場合があります。また，信託銀行の合併などに伴い，同一の受託者が同一の委託者から似たような信託をいくつも受託したままになっていて事務処理上非効率が生じている場合には，それら複数の信託を併合するニーズがあります。逆に，委託者，受益者または受託者を取り巻く事情の変更により，1つの信託を分割したいと考える場合もあるでしょう。しかし，そのような場合に，そのときの委託者，受託者あるいは受益者の一部だけで勝手に信託の条件や形態を変更することができるとすれば，当初の信託目的が害されてしまうおそれがあります。

以下では，信託法の下で，いかなる条件により信託の仕組みの変更が許されるかを概観することとします。

(1) 信託の変更

まず，信託会社が多数の顧客から受託した金銭を同一の信託約款（業者と多数の顧客との間で締結される契約の標準様式を約款といいます）に基づき合同して有価証券などに投資する合同運用型の金銭信託を例に取ってみましょう。その信託会社と同じ金融グループに属する証券会社が信託の投資目的にぴったりの金融商品を提供しているとします。これを購入するのが多くの受益者にとって望ましいと信託会社が判断する場合であっても，受託者とその利害関係人との取引になりますから，あとで忠実義務のところで説明するように，原則として信託

Ⅱ　信託財産

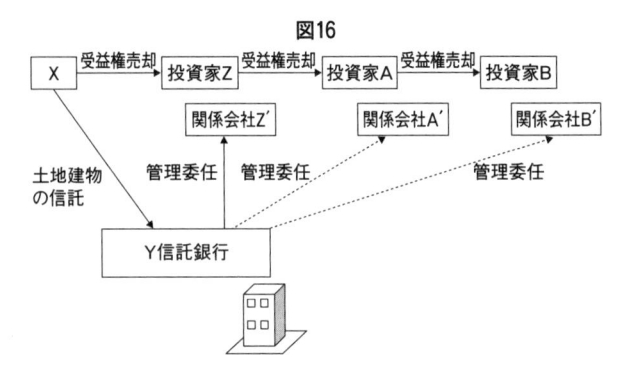

図16

```
X ──受益権売却──▶ 投資家Z ──受益権売却──▶ 投資家A ──受益権売却──▶ 投資家B
                      │                    │                    │
                 関係会社Z′            関係会社A′            関係会社B′
                      ▲                    ▲                    ▲
土地建物         管理委任              管理委任              管理委任
の信託                │                    │                    │
    │            Y信託銀行 ──────────────┴────────────────────┘
    └──────────▶
```

契約にそれを許す定めを置かなければ取引を行うことはできません。このような場合に、すべての信託に適用される信託約款を変更するために委託者、受託者および各受益者の同意が常に必要だとすると、現実には上の取引はできないといわざるをえません。

また、土地建物の所有者Xが、Y信託銀行との間で信託契約を締結し、その保有する土地建物をY信託銀行に信託したうえで、ただちに受益権を投資家Zに売却する事例（図16）を考えてみましょう。このような事案では、取引当初において、投資家Zの関係会社Z′が土地建物の管理を行うことが予定され、信託契約においてY信託銀行がZ′に信託された土地建物の管理を委任するように定めることがしばしばあります。

しかし、実務上は、受益権がのちに投資家A、投資家Bと転々譲渡されることが少なくありません。この信託契約の変更に委託者の同意が常に必要だとすると、受益権が譲渡されるごとに信託契約を変更して、土地建物の管理の委任先を投資家Aの関係会社A′に、次いで投資

93

家Bの関係会社B′に変更しようとしても，とうの昔に受益権を売却してしまっている委託者Xは，もはや変更契約に応ずることに興味を失ってしまい，投資家Aや投資家Bが苦労することになります。

信託法上，信託の変更は，原則として，変更後の信託行為の内容を明らかにしたうえで，委託者，受託者および受益者の合意によってすることができます（149条1項）。ただし，以下の例外があります（149条2項および3項）。

① 信託目的に反しないことが明らかであるときは，受託者および受益者の合意により変更できます。その場合，受託者は，変更後の信託行為の内容を遅滞なく委託者に通知しなければなりません。
② 信託目的に反しないことおよび受益者の利益に適合することが明らかであるときは，受託者のみの意思表示により変更できます。その場合，受託者は，変更後の信託行為の内容を遅滞なく委託者および受益者に通知しなければなりません。
③ 受託者の利益を害しないことが明らかであるときは，委託者および受益者の受託者に対する意思表示によって変更できます。
④ 信託目的に反しないことおよび受託者の利益を害しないことが明らかであるときは，受益者の受託者に対する意思表示により変更できます。その場合，受託者は，変更後の信託行為の内容を遅滞なく委託者に通知しなければなりません。

Ⅱ　信託財産

　もっとも，信託行為に定めることにより，以上のルールをどのようにも変更することができます（149条4項）。したがって，常に委託者，受託者および受益者全員の合意を必要とすることもできますし，上の図16の例で，受託者とその時々の受益者との合意で信託契約を変更することができる旨を信託契約に定めておくこともできます。信託契約に基づき，特定の第三者に信託変更権を与えることもできます。

　あるいは，受益者が複数存在する場合の受益者の意思決定の方法を信託行為に定め，それによることもできます（105条1項ただし書および2項）。たとえば，上の合同運用型の金銭信託の例で，あとで述べる受益者集会における多数決による旨の定めを置くこともできます（なお，信託会社と多数の顧客との間に同一の信託約款に基づく多数の信託が成立している場合，信託の変更については，信託業法29条の2第5項により，これらは1つの信託とみなされます）。

　そのほか，必要な当事者の合意または信託契約の定めがなくても，信託事務の処理方法が信託行為の当時予見することができなかった特別の事情により受益者の利益に適合しなくなった場合には，委託者，受託者または受益者は，変更後の信託行為の定めを明らかにしたうえ，信託の変更命令を裁判所に申し立てることができます（150条1項および2項）。

　このように見ると，信託の変更は，当事者の合意も信託行為の定めもない場合には裁判所の手続を必要としますが，必要な当事者全員の合意が得られなくても，前

もって信託行為に定めを置いておくことにより、相当程度自由に行うことができるように思われます。しかし、ここで注意しなければならないことがあります。それは、**受益権取得請求権**の存在です。

受益権取得請求権というのは、次のいずれかの信託の変更（103条1項において「重要な信託の変更」と定義されています）がなされる場合に、それにより損害を受けるおそれがある受益者（ただし、次の①または②の場合は損害を受けるおそれを必要としません）が、受託者に対し、自己の有する受益権を公正な価格で買い取ることを請求する権利です（103条1項）。

①信託目的
②受益権の譲渡制限
③受託者の義務の全部または一部の減免（信託行為に減免の範囲およびその決定方法について定めがある場合を除きます）
④受益債権の内容の変更（信託行為に変更の範囲およびその決定方法について定めがある場合を除きます）
⑤変更するときは受益権取得請求権を発生させる旨を信託行為に定めた事項

この受益権取得請求権は、もともと予定されていなかった重要な信託の変更にあたって、納得のできない受益者に信託からの離脱を認めるものです。したがって、当然のことながら、重要な信託の変更の際に、受益者集

会その他の手続が実施され、その重要な信託の変更に賛成した受益者には、受益権取得請求権は認められません（103条3項）。

受益権取得請求権について最も重要なことは、信託行為の定めをもってしても制限することができない（92条18号）という点です。受託者は、信託行為または重要な信託の変更の際に特段の定めを置かない限り、信託財産のみをもって受益権の取得の責任を負うにすぎません（104条11項）。

しかし、知的財産権の信託やセキュリティ・トラストなど、信託財産に属する金銭が乏しく、かつ、信託財産の流通性が低い場合には、高利であっても信託財産の負担で借入れを行うか、安価であっても信託財産を売却処分するほかありません。その場合には、残った受益者が損失を被ったり、借入れや売却処分の条件について受益者と受託者との間にトラブルが生じたりする可能性が生じます。このように、受益権取得請求権が発生するような重要な信託の変更をしようとする際には、慎重な検討が必要です。

なお、信託業法29条の2第1項および第2項ならびにそれに基づく内閣府令の本書執筆時点で公表されている案によれば、信託銀行または信託会社による重要な信託の変更にあたっては、原則として、①重要な信託の変更をしようとする旨、②重要な信託の変更に異議のある受益者は1か月以上の一定期間内に異議を述べるべき旨、③重要な信託の変更をしようとする理由、④重要な信託の変更の内容、⑤重要な信託の変更の予定年月日、⑥異

議を述べる期間，⑦異議を述べる方法を，新聞公告，電子公告などの信託銀行または信託会社ごとに定められる方法により，公告しまたは受益者に催告しなければなりません。

(2) 信託の併合

たとえば，J年金基金が，国内株式に対する年金資金の運用を目的として，K信託銀行とL信託銀行との間でそれぞれほぼ同一内容の年金信託契約を締結していたところ，K信託銀行とL信託銀行が合併によりM信託銀行となった場合には，同一受託者の同一運用部門で信託財産を別々に運用し，分別管理し，別々に運用報告書を作成することに合理性はありません。J年金基金が二重に信託報酬を負担することにも，同じく合理性はありません。そこで，2つの信託を1つにすることが考えられます。このように，受託者を共通にする複数の信託の信託財産の全部を1つの新たな信託の信託財産とすることを，信託の併合といいます（2条10項）。

信託法上，信託の併合は，原則として，(イ)併合後の信託行為の内容，(ロ)受益権の内容に変更があるときは変更内容とその理由，(ハ)信託の併合に際し受益者に金銭その他の財産を交付するときはその財産の内容とその価額，(ニ)信託の併合の効力発生日，(ホ)その他法務省令で定める事項を明らかにしたうえで，各信託の委託者，受託者および受益者の合意によってすることができます（151条1項）。法務省令の本書執筆時点で公表されている案では，併合相手の信託の特定および内容に関する事項，(ハ)

Ⅱ　信託財産

の定めがある場合の当該定めに関する相当性，各信託の財産状況開示書類等の内容，当該財産状況開示書類等作成後の重要な後発事象，併合の理由が定められています。ただし，以下の例外があります（151条2項）。

①信託目的に反しないことが明らかであるときは，受託者および受益者の合意により併合できます。その場合，受託者は，上の(イ)から(ホ)に掲げる事項を遅滞なく委託者に通知しなければなりません。
②信託目的に反しないことおよび受益者の利益に適合することが明らかであるときは，受託者のみの意思表示により併合できます。その場合，受託者は，上の(イ)から(ホ)に掲げる事項を遅滞なく委託者および受益者に通知しなければなりません。

もっとも，信託行為に定めることにより，以上のルールをどのようにも変更することができます（151条3項）。したがって，常に委託者，受託者および受益者全員の合意を必要とすることもできますし，受託者とその時々の受益者との合意で信託を併合することができる旨を信託契約に定めておくこともできます。

また信託の変更と同様，受益者が多数の場合に，受益者の意思決定方法として，あとで述べる受益者集会における多数決による旨の定めを信託行為に置くこともできます（なお，信託会社と多数の顧客との間に同一の信託約款に基づく多数の信託が成立している場合，信託の併合についても，これらは1つの信託とみなされます）。

しかし，信託の併合がなされる場合には，信託の変更の場合と同様に，それにより損害を受けるおそれがある受益者（ただし，信託目的または受益権の譲渡制限に変更を生ずる信託の併合の場合は損害を受けるおそれを必要としません）には，受益権取得請求権が与えられます（103条2項）。したがって，実際には，多数の受益者が存在する場合（受益者全員から合意を取り付けることが困難な場合）に，信託の併合が行われる場面は限られるといってよいでしょう。

なお，信託の併合の際に受益者集会その他の手続が実施された場合に，当該信託の併合に賛成した受益者には受益権取得請求権が認められない点，信託行為によって受益権取得請求権を制限することができない点，原則として信託業法に基づき公告または催告が求められる点は，信託の変更の場合と同じです。

ところで，ある信託Aが，財務内容の悪い信託Bと併合されると，信託Aの信託財産を引当てにしていた債権者が害されるおそれがあります。そこで，信託法は，信託の併合に際し，会社の合併に準じた債権者保護手続を導入しています。すなわち，信託の併合をする場合には，受託者は，信託財産を引当てとする債務について債権者を害するおそれがないことが明らかである場合を除き，1か月以上の期間を定めて，(イ)信託の併合をする旨，(ロ)債権者は当該期間中に異議を述べることができる旨，(ハ)その他法務省令で定める事項（本書執筆時点で公表されている案によれば，各信託の特定に関する事項，各信託の財産状況開示書類等の内容，当該財産状況開示

書類等作成後の重要な後発事象，併合後の信託財産を引当てとする一定の債務の履行の見込み）を公告し，かつ，知れている債権者に個別に催告しなければなりません（152条1項および2項）。ただし，受託者が法人である場合には，新聞公告または電子公告をすることにより，個別の催告を省略することができます（152条3項）。債権者が異議を述べた場合には，受託者は，信託の併合をしても当該債権者を害するおそれがないときを除き，当該債権者に対し，弁済するか，担保を供与するか，信託会社または信託銀行に相当の財産の信託をしなければなりません（152条5項）。

(3) 信託の分割

たとえば，不動産投資ファンドJが，オフィスビルAとオフィスビルBを信託財産とする信託Kの受益権を保有していたところ，その受益権の処分に際し別々の買い手が見つかった場合，信託財産の一部であるオフィスビルBを移すことにより新たに信託Lを設定し，信託Kおよび信託Lそれぞれの受益権をそれぞれの買い手に売却することが考えられます。このように，ある信託財産の一部を受託者を共通にする既存の他の信託または新たな信託の信託財産として移転することを，**信託の分割**といいます。このうち，既存の他の信託の信託財産として移転する場合を**吸収信託分割**，新たな信託の信託財産として移転する場合を**新規信託分割**といいます（2条11項）。

信託法上，信託の分割は，原則として，(イ)分割後の信託行為の内容，(ロ)受益権の内容に変更があるときは変更

図17

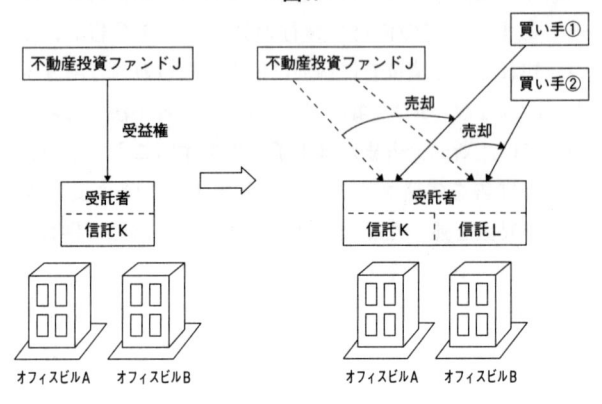

![図17: 不動産投資ファンドJ、受託者、信託K、信託L、オフィスビルA、オフィスビルB、買い手①、買い手②の関係図]

内容とその理由, (ハ)信託の分割に際し受益者に金銭その他の財産を交付するときはその財産の内容とその価額, (ニ)信託の分割の効力発生日, (ホ)移転する財産の内容, (ヘ)分割とともに元の信託財産の負担でなくなり, 移転先の信託財産に承継される債務があるときは, その債務に関する事項, (ト)その他法務省令で定める事項を明らかにしたうえで, 各信託の委託者, 受託者および受益者の合意によってすることができます (155条1項または159条1項)。法務省令の本書執筆時点で公表されている案では, 分割先の信託の特定および内容に関する事項, (ハ)の定めがある場合の当該定めに関する相当性, 分割先の信託財産から元の信託に分割の対価 (吸収信託分割の場合は分割先の信託財産または受益権, 新規信託分割の場合は新たな信託の受益権) を渡す場合には, その財産の種類もしくは受益権の内容およびその数もしくは額または

その算定方法ならびにそれらの相当性，各信託の財産状況開示書類等の内容，当該財産状況開示書類等作成後の重要な後発事象，分割の理由が定められています。ただし，以下の例外があります（155条2項または159条2項）。

① 信託目的に反しないことが明らかであるときは，受託者および受益者の合意により分割できます。その場合，受託者は，上の(イ)から(ト)に掲げる事項を遅滞なく委託者に通知しなければなりません。
② 信託目的に反しないことおよび受益者の利益に適合することが明らかであるときは，受託者のみの意思表示により分割できます。その場合，受託者は，上の(イ)から(ト)に掲げる事項を遅滞なく委託者および受益者に通知しなければなりません。

もっとも，信託行為に定めることにより，以上のルールをどのようにも変更することができます（155条3項または159条3項）。したがって，常に委託者，受託者および受益者全員の合意を必要とすることもできますし，受託者とその時々の受益者との合意で信託を分割することができる旨を信託契約に定めておくこともできます。

また信託の変更や信託の併合と同様，受益者が多数の場合に，受益者の意思決定方法として，あとで述べる受益者集会における多数決による旨の定めを信託行為に置くこともできます（なお，信託会社と多数の顧客との間に同一の信託約款に基づく多数の信託が成立している場合，信託の分割についても，これらは1つの信託とみな

されます)。

しかし，信託の分割がなされる場合には，信託の変更や信託の併合の場合と同様に，それにより損害を受けるおそれがある受益者（ただし，信託目的または受益権の譲渡制限に変更を生ずる信託の分割の場合は損害を受けるおそれを必要としません）には，受益権取得請求権が与えられます（103条2項）。したがって，実際には，多数の受益者が存在する場合（受益者全員から合意を取り付けることが困難な場合）に，信託の分割が行われる場面は限られるといってよいでしょう。

なお，信託の分割の際に受益者集会その他の手続が実施された場合に，当該信託の分割に賛成した受益者には受益権取得請求権が認められない点，信託行為によって受益権取得請求権を制限することができない点，原則として信託業法に基づき公告または催告が求められる点，さらに，信託財産を引当てとする債務について信託法に基づき債権者保護手続が必要となる点は，信託の併合の場合と同じです。

信託の分割について特記すべきは，債権者保護手続を経た場合には，分割の合意において分割とともに元の信託財産の負担でなくなり，移転先の信託財産に承継されることとされた債務が，合意どおりに元の信託財産の負担でなくなり，移転先の信託財産に承継されるという点です（157条または161条）。信託の併合にも信託の分割にも債権者保護手続が原則として必要ですが，それぞれの持つ意味合いは異なります。

信託の併合の場合，併合相手の信託の信託財産がマイ

ナス（積極財産より債務のほうが多い）でない限り，原則として債権者が害されることはありません。しかし，信託の分割の場合には，むしろ，原則として債権者にとっての引当財産が減少することになります。信託財産が複数の信託に分割されてもなお十分な弁済能力があればよいのですが，そうでない場合には，一方の信託財産だけが自己に対する債務の引当てになってしまうとすれば，債権者として見過ごすことはできません。

　債権者としては，日頃から分割の公告（特に新聞公告または電子公告）に留意し，これに気づいた場合または個別の催告を受けた場合には，分割により害されるおそれがない場合を除き，異議申立期間中に異議を述べたうえ弁済を受けるなり，担保の提供を受けるなり，信託会社または信託銀行に信託を設定してもらうなりして，債権の保全を図る必要があるということになります。

[Ⅲ]
受託者の義務
安心して託すため,柔軟な取引設計のための仕組み

信託とは，人を信じて財産を託す仕組みです。「信認」と「財産」から成る制度といえます。このうち「財産」について，将来の「もしも」に備える仕組みを，II章において概観しました。以下では，もう1つの「信認」について見ることにしましょう。

1　何のために，受託者は義務を負うのか

「信認」は，英米法の「fiduciary」に起源を持つ言葉で，能力，技量，人格その他の事情を背景とする信頼に基づく関係を意味します。このような信認に値する者は，人から実際に信認を受けた場合には，それに応えねばなりません。これが受認者の義務（fiduciary duty）です。それに財産の移転が伴うと，信託となります。

信認関係には，本来，多くの言葉を要しません。目的さえはっきりしていれば，受認者は自らの能力，技量，人格その他の自らを受認者たらしめるべきものに従って，よかれと思うことをすべきなのです。信託についていえば，信託契約や遺言などの信託行為に規定されていない事態が生じた場合には，受託者は，信託目的に従って，その行間を埋める義務を負います。

現実には，信託契約に受託者のなすべき信託事務を具体的に規定するのがふつうです。しかし，信託契約に規定されていない事態が生ずることは避けられません。そのような場合に，上の「信認」の考え方が重要になってきます。これがあるからこそ，委託者は安心して財産を託すことができるのです。

Ⅲ　受託者の義務

　このような信託の特長を生かすためには，信託行為に規定されたこと以外には，法律であまりこまごまと受託者の義務を規定する必要はないと感じるかもしれません。しかし，信認関係から生ずる義務の大まかな類型を整理して規定することには意味があります。また，プロとしての受託者に対しては，受益者保護の観点から一定の業法規制が必要です。以下では，具体的な受託者の義務の中身を見る前に，信託法における受託者の義務の果たす役割と，受託者の義務を規律する信託業法の存在意義を概観することにします。

(1) 信託法に基づく受託者の義務の果たす役割

　信託法は，受託者の義務として，善管注意義務，忠実義務，公平義務，分別管理義務，帳簿等作成義務，情報提供義務などを定めています。

　すでに見たように，信託のガバナンス（何をどう決定し実行するか）は，柔軟性にその特長があります。さまざまなメニュー（株主の権利，各機関の権限，役員の義務と責任など）が法律に書き込まれている会社と異なり，信託契約に委託者，受託者および受益者の権限をこまごまと書き込むこともできますし，おおまかな枠組みの中で受託者の義務に委ねることもできます。そこで「受託者の義務に委ねる」といったときに，「あなたを信頼して任せるからきちんとやって欲しい」という委託者ないし受益者の期待に応えるのが善管注意義務であり，「あなたを信頼して任せるから裏切らないで欲しい」という期待に応えるのが忠実義務といってよいでしょう。

その2つの義務を両輪として、上に挙げた受託者の義務は信託の柔軟性を支えています。

柔軟であることと緩いこととは異なります。信託のガバナンスは、柔軟であっても、決められたとおりに実効性を持たなければなりません。その多くを受益者に対する受託者の義務に頼っている以上、受益者による監視・監督が発揮されなければなりません。この点、受託者と受益者を兼ねるとすれば、受託者が義務を負うべき相手がいなくなってしまい、受託者に対するコントロールがいっさい効かなくなってしまいますから、信託法は、そのような状況が1年以上継続することを許さないこととしています（163条2号）。

(2) 信託業法の位置づけ

受託者の義務を規律する法律として、信託法とならんで重要なのが信託業法（この本の冒頭において述べたように、兼営法には特に言及しません）です。

信託業は、もはや金融業の範囲にとどまるものではありません。あらゆる財産に関して、その権利を移転して何かお願いごとをすれば信託になるとすれば、信託契約を、「財産の移転を伴うサービス提供契約」と広く捉えることが可能になります。金融取引のうち、流動化取引における利用のされ方を見れば、信託を会社とならぶ財産帰属主体（ビークル）と捉えることも可能です。

その引受けを業とする者を規制する信託業法とはいったいどんな法律なのでしょうか。一般に、サービスの内容を問うことなしに、「請負業法」や「委任業法」を想

定することは困難です。業務内容に応じ，委任や請負のうち一定のものについて宅地建物取引業法，建設業法，旅行業法などが存在するのはわかるのですが，民法の委任規定や請負規定とは別に，あらゆる委任や請負を規律する業法が必要だという話は聞いたことがありません。なぜ，信託だけについて，信託法の規律とは別の業法規制が必要なのでしょうか。

もし，信託業を，受益権の販売勧誘，信託財産の投資運用，その管理に分解することができるとすれば，それぞれに金融商品取引法その他の業法の規制を及ぼせば足りるという考え方もあり得ます。しかし，信託業を各要素に分解することにより，総体としての業態の把握を不正確にしてしまう面があると考えられます。信託事務の本質部分は，上のように分解できるものではなく，それが全体として信認関係をつくりあげていることに信託業の特徴があり，その特徴を見ずに監督規制を及ぼすことは適切でないのです。

そうだとすれば，信託業法には独自の存在価値があるはずです。財産を譲り受け，財産の名義人となって受益者のために当該財産を一定の目的に従って管理，運用または処分する受託者の姿を特に取り上げ，独自に規制することがどのように有用であるのか，そういう観点から，信託業の規制のあり方を考える必要があります。

すなわち，本来は，信託業法という法律の中に，信託の引受けを業としている者に適用されるべきすべての規制を盛り込もうとするのではなく，金融商品取引法に委ねるべき部分や，主として個人投資家を念頭に置いた投

資者保護法・消費者保護法に委ねるべき部分を意識しながら，その規制範囲の議論を深化させていくべきです。その際には，信託の中身が，単なる荷物預かりに近いものから積極的な資産運用やさらには一種の事業を内容とするものまで，幅広く多岐にわたる可能性があることや，受益者の属性や数にはさまざまなものがあることを前提としたうえで，信託法の規律だけでは不十分であるのか否か，強行法規（関係当事者が合意しても変更することのできないルール）により受託者に義務を課すべきであるのか否かを吟味する必要があります。

現実に世の中で行われる信託のほとんどは，業として引き受けられるものです。それを考えると，信託業の規制のあり方次第で，わが国において「信託」という人類の知恵が多くの人によって利用されるか否かが決まるといっても過言ではありません。

2　善管注意義務——きちんとやりなさい

善管注意義務は，忠実義務とならんで，受託者の義務の中核をなす最も重要な義務です。信託法には，受託者の義務としてさまざまな義務が定められていますが，実際のところ，それらはすべて，善管注意義務と忠実義務のいずれかまたはその双方の具体化または実現手段といってよいくらいなのです。

その中身は，平たくいえば，「期待に応えてきちんとやりなさい」ということに尽きるのですが，以下において具体的な信託法の定めを見てみましょう。

Ⅲ 受託者の義務

(1) 善管注意義務とは

　受託者は，信託の本旨に従って信託事務を処理しなければなりません（29条1項）。ここで信託の本旨とは，信託の目的を達成するための信託行為（信託契約など）の各規定のみならず，それらの規定の背後にある信託設定時の当事者の意図をも意味します。この信託事務の処理に際し，受託者は，善良な管理者の注意をもってあたらなければなりません（29条2項本文）。これを，受託者の善管注意義務といいます。

　信託法は，さらに，「ただし，信託行為に別段の定めがあるときは，その定めるところによる注意をもって，これをするものとする。」（29条2項ただし書）と定め，善管注意義務の定めが任意規定であることを明らかにしています。すなわち，信託契約に定めることにより，受託者の善管注意義務を軽減することが許されているのです。

　もっとも，すでに述べたように，善管注意義務は，忠実義務とならんで，受託者の義務の中核をなすものであり，信託の柔軟性を支えるものでもあります。したがって，善管注意義務に関する信託法の定めが任意規定だとしても，善管注意義務を完全に否定してしまうような定めは許されません。そのような定めを置いた契約は，たとえ「信託契約」というタイトルがついていても，信託契約とは認められないでしょう。

　また，プロの受託者には，信託業法の定めも適用されます。信託業法28条2項は，「信託会社は，信託の本旨に従い，善良な管理者の注意をもって，信託業務を行わ

なければならない。」と定めています。これは、一見したところ、信託法29条2項本文とほとんど同じ内容です。しかし、信託業法は強行法規ですから、信託行為に別段の定めを置くことはできません。すなわち、信託銀行および信託会社については、善管注意義務の軽減規定を置くことは許されないと考えられているのです。

それでは、信託銀行および信託会社は、信託契約の定めを工夫することにより、信託の内容や案件に応じて自分を守ることはできないのでしょうか。ここで考えて欲しいのは、善管注意義務が「あなたを信頼して任せるからきちんとやって欲しい」という信頼に応えるものだということです。そこで問題となるのは、何を任されるかということです。

たとえば、金銭を上場株式に投資することを目的とする信託を考えてみましょう。そのような目的が定められた信託の中には、余裕資金をリスク資産に運用して欲しい個人Aが信託銀行の運用能力を信頼して「お任せしますのでよろしく」という趣旨で信託銀行に金銭を委ねる場合もあるでしょう。しかし、それ以外にも、証券投資を専門とする投資運用業者Bが「とにかく私の指示に従ってできる限り少ない手数料で迅速かつ安全に上場株式の売買を執行して欲しい。あとは安全に分別保管してくれさえすれば、それ以外は何もしてもらわなくていい。投資判断は私が自分でするし、投資判断に必要な情報は、私が自分で把握しているから、あなたにはよけいなコストをかけないでもらいたい」という趣旨で信託銀行の力を借りようとする場合もあるのではないでしょう

か。

　信託銀行は，仮に個人Aから上のような（白紙委任に近い）信託を引き受けるとすれば，上場株式投資をするためにプロとして通常必要と認められる情報を自らの責任で日頃から集め，そのような情報に基づいてタイムリーに投資判断をする必要があるでしょう。そのための体制整備を欠かすことはできません。もちろん，信託銀行は，結果責任を負うわけではありませんが，情報収集もしくは投資判断またはそのための体制整備に落ち度（過失）があれば，その過失に起因して信託財産に生じた損害（実現できなかった利益＝逸失利益を含みます）を補填しなければなりません。仮に「投資判断に過失があり，それにより信託財産が減少しても，その過失が重大なものでなければ，受託者は責任を負いません」と信託契約に定めたとしても，信託業法の下では，そのような責任軽減は認められないでしょう。

　これに対し，信託銀行は，投資運用業者Bから上のような信託を引き受けるときに，信託契約に「受託者は，委託者の指図に従って信託財産を上場株式に運用する。ある銘柄の株式の売買指図を受けた場合，受託者は，委託者からそれ以外に特段の指図がない限り，X証券会社，Y証券会社およびZ証券会社に株式売買の手数料を同時に照会し，先に回答を得た2社のうち手数料が安いほうに売買を発注し，東京証券取引所を通じて執行しなければならない」などと具体的に定めることにより，自らのなすべき仕事の範囲を限定することができます。その範囲内の仕事（＝信託事務）に関する限り信託銀行の

善管注意義務を軽減することは許されませんが,信託事務の範囲を限定することにより,注意を振り向ける対象を相当程度絞ることができることがおわかりでしょう。このように,顧客(委託者)の属性や信託の趣旨に応じて,信託銀行または信託会社が自らの責任を限定する余地はあるのです。

信託銀行や信託会社を利用する側からこれを見れば,自分の目の前にいるプロの受託者に,いったい何を任せたいのかをはっきり認識することが重要です。大阪地区におけるオフィスビルのテナント募集やテナント管理の能力を見込んで,ある信託会社に不動産の管理を託したときに,その信託会社が回収した賃料を新興企業の株式に運用したとしたら,いかによかれと思ってやったことだとしても,委託者は不信感を募らせることでしょう。余った資金の運用をするなら,別の信託銀行に頼めばよいのです。信託費用や信託報酬も,信託事務の量や受託者責任の重さによって変わってきますから,本当に頼みたいことについて受託者に裁量を与え,それ以外のことは頼まない(=裁量を与えない)のが賢い信託のつくり方といえます。

(2) 損失塡補責任

受託者がその義務に違反した場合の責任については,信託法はいくつかの特則を置いていますが,ここでは,受託者が善管注意義務に違反した場合の原則的なルールを説明しましょう。

まず,受託者は,その任務を怠ったこと(任務懈怠と

いいます）により，①信託財産に損失が生じた場合には，受益者に対し，その損失を填補する責任を負い，また，②信託財産に変更が生じた場合には，受益者に対し，原状を回復する責任を負います。ただし，②について，原状の回復が著しく困難であるとき，原状の回復に過分の費用を要するとき，その他受託者に原状を回復させることを不適当とする特別の事情があるときは，原状回復責任を免れます（40条1項）。

次に，信託銀行または信託会社など受託者が法人である場合には，その取締役，執行役またはこれに準ずる者は，受託者が上の任務懈怠責任を負う場合に，当該任務懈怠につき悪意または重過失があるときは，受益者に対し，受託者と連帯して損失の填補または原状の回復をする責任を負います（41条）。

なお，受益者は，上に述べた受託者の任務懈怠責任と役員の連帯責任を免除することができます（42条）。しかし，信託行為によって，受託者の任務懈怠責任と役員の連帯責任をあらかじめ制限することは認められません（92条9号および10号）。

3 忠実義務——ズルせずにやりなさい

(1) 忠実義務とは

受託者は，受益者のために忠実に信託事務の処理その他の行為をしなければなりません（30条）。人から信用されて財産を託されたときに，その信用を裏切ってはならない，ずるいことをしてはならないということです。

別の言い方をすれば,受託者は,もっぱら受益者のために行動すべきだということです。

①利益相反行為の禁止

信託法は,受託者の忠実義務の具体的な現れとして,一定の類型の利益相反行為を規制しています(31条)。原則として,以下の行為が禁止されます(同条1項)。

①受託者が,信託財産(または信託財産に関する権利)を固有財産に帰属させ,または固有財産(または固有財産に関する権利)を信託財産に帰属させる行為
②受託者が,信託財産(または信託財産に関する権利)を他の信託の信託財産とする行為
③受託者が,第三者との間において信託財産のために何らかの行為をするときに,同時に当該第三者の代理人となること
④受託者が,自らの借入れのために信託財産に担保権を設定するなど,信託財産のためにする第三者との間の行為であって,受益者との利益が相反するもの

①は,たとえば,金銭の信託を受けて有価証券に対する運用を任されているときに,受託者が信託財産として保有している a 社株式を自分のものにしてしまい,その代わりに当該 a 社株式の時価相当額の金銭を自分の財産から信託財産に移すことや,逆に,自分の財産として保有している β 社株式を信託財産に移して,その代わりに信託財産から当該 β 社株式の時価相当額の金銭を自分の

財産として受け取ることをいいます。

この場合，それぞれの対価が適正であれば，受益者に損害は生じないように思われるかもしれません。しかし，α社およびβ社が非上場会社である場合には，そもそも株式の「時価」がよくわかりませんから，受託者がα社株式を安く自分のものにし，β株式を高く信託財産に移しても，受益者としては損害の立証が容易ではありません。また，α社およびβ社が上場会社であるとしても，有価証券投資の玄人からみればα社株式が割安でありβ社株式が割高であるときに，受託者が上のような行動をとるとすれば，それは，受託者の有価証券投資の能力を信じて金銭を託した受益者に対する裏切り行為です。

同様に，信託銀行が賃貸用のオフィスビルの管理を受託した場合に，当該信託銀行がその1階部分の賃借人となってその支店を設置することは，オフィスビルの利用権（賃借権）を自分自身に帰属させることになりますから，①の禁ずる「信託財産に関する権利を固有財産に帰属させる行為」となります。

②は，たとえば，M社とN社からそれぞれ金銭の信託を別々に受けて有価証券に対する運用を任されているときに，受託者がM社のために信託財産として保有しているα社株式をN社のための信託財産にし，その代わりに当該α社株式の時価相当額の金銭をN社のための信託財産からM社のための信託財産に移すことをいいます。この場合も，N社が受託者にとって上得意先である場合などは，α社株式を安くN社のための信託財産に移すなど

して，M社に対する裏切り行為がなされるおそれがあります。

③は，たとえば，死の床にある父親が，自分の死後娘の成人までを信託期間として，近隣で不動産仲介業を営んでいる弟（娘の叔父）に対し，信託期間中の管理と信託期間満了時の換価処分を目的として，自宅の土地建物を信託したときに，その弟（娘の叔父）が，娘が成人したときに自分の営んでいる店の顧客を代理してこの土地建物を購入（信託財産から見れば売却）し，顧客から仲介手数料を受け取ることをいいます。これも，他の不動産仲介業者に頼んでいればもっと高く売れたとすれば，父娘の信頼を裏切る行為といえます。

④は，たとえば，多数の賃貸不動産を管理目的で受託している受託者が，自分自身の事業資金を銀行から借り入れる際に，信託財産である当該賃貸不動産に抵当権を設定することをいいます。これも，その後自分の事業収益をもって借入金をきちんと返済し，抵当権を抹消すれば受益者に損害は発生しないのだから構わない，というものではありません。

②利益相反行為の禁止の例外

以上のような利益相反行為の禁止は，受託者の忠実義務の最も典型的な現れですが，これをあらゆる場合に徹底することは，かえって受益者のためになりません。たとえば，信託銀行が賃貸用のオフィスビルの管理を受託した場合に，なかなかよい賃借人が見つからないときは，当該信託銀行がその1階部分の賃借人となってその支店を設置することが許されてもよいように思われま

す。賃料が適正であれば,受益者から見ても喜ばしいことです。そこで,信託法は,以下のような場合に,上の①から④の利益相反行為を許容しています(31条2項)。

❶信託行為に当該行為をすることを許容する旨の定めがある場合
❷受託者が当該行為について重要な事実を開示して受益者の承認を得た場合(ただし,そのような場合でも当該行為を許容しない旨の定めが信託行為にある場合を除きます)
❸相続その他の包括承継により信託財産に関する権利が固有財産に帰属した場合
❹受託者が当該行為をすることが信託の目的の達成のために合理的に必要と認められる場合であって,受益者の利益を害しないことが明らかであるとき,または,当該行為の信託財産に与える影響,当該行為の目的および態様,受託者の受益者との実質的な利害関係の状況その他の事情に照らして正当な理由がある場合

　実際には,どのような場合にこの例外に該当するのかが,とても重要になってきます。特に,資産の流動化取引などのストラクチャード・ファイナンスと呼ばれる分野においては,あらかじめ予想される事態をできる限り信託契約に取り込んで対処方法を定めておくこと(精緻な仕組みを作ること)が求められますから,上の例外のうち,❶の例外が最も重要になります。そこで,この

「当該行為」をどの程度信託契約に具体的に規定しておくべきかが気になってきます。

　信託契約に「本信託においては，受託者は利益相反行為をすることができる」と規定すればすべての利益相反行為が許されてしまうというのは受益者保護の観点からみて行きすぎでしょう。他方，受託者から信託財産への金銭の貸付行為を許容したいときに，元本金額，弁済期限および利率のほか，貸付実行条件，財務制限条項その他の誓約事項，遅延損害金の定めなどの契約条件の詳細を特定して信託契約にあらかじめ規定しておかないと許容されないというのも，過度に受託者の行動を制約するものであって行きすぎでしょう。受益者の利益を最大化することと，受託者の経済活動に不当な制約を加えないことを両立させるために，バランスのよい解釈が求められるところです。他の例外規定との比較でいえば，あらかじめ信託契約に定めることが求められる要件であることに照らして，ある程度概括的な定めで足りるというべきでしょう。また，現実の世界においては，信託銀行または信託会社が受託者となる信託がほとんどですから，利益相反取引に関する信託業法の規制もあわせて検討する必要があります。この点はあとで触れます。

　以上に説明した利益相反取引は，ある信託の受託者として取引の一方の側に立ち，自分自身または他の信託の受託者として同じ取引の他方の側に立ったり，同じ取引から経済的利益を得る立場に立ったりする行為といっていいでしょう。これが禁止されるのは，先ほど述べたように，受託者の忠実義務の最も典型的な現れといえます。

③競合行為の禁止

受託者の忠実義務が「もっぱら受益者のために行動すべき義務」だとすれば，そのほかにも，許されない行為類型があります。その1つの例が競合行為と呼ばれるものです。信託法は，「受託者は，受託者として有する権限に基づいて信託事務の処理としてすることができる行為であってこれをしないことが受益者の利益に反するものについては，これを固有財産または受託者の利害関係人の計算でしてはならない。」と規定し，受託者による競合行為を原則として禁止しています（32条1項）。

これは，たとえば，死の床にある父親が，自分の死後娘の成人までを信託期間として，近隣で不動産仲介業を営んでいる弟（娘の叔父）に対し，信託期間中の管理と信託期間満了時の換価処分を目的として，自宅の土地建物を信託したという先ほどの例で，その弟（娘の叔父）が，自分の営んでいる店の顧客がそのあたりの居住用土地建物を良い値で買いたいと申し出ているときに，この顧客に，信託を受けていた土地建物ではなく，自分の住居を売却してしまうことをいいます。その後，信託を受けていた土地建物の買い手が見つからず，無理に安く売ったり他の不動産仲介業者に頼んで高い仲介手数料を支払って売ったとすれば，父娘の信頼を裏切る行為といえます。

ただ，いかなる場合にも競合行為が禁じられるとすれば，受託者の経済活動が過度に制約される結果となります。たとえば，上の例で，顧客からの提示価格がそれほど高くはない場合で，その顧客のほかにも，信託を受け

た土地建物の買主が容易に見つかるような状況にあり，娘が成人するまでにあと半年あるとすれば，顧客の申し出を半年待ってもらわなくとも，弟（娘の叔父）が自分の住居を売却することが許されてよさそうです。そこで，信託法は，以下の場合に競合行為を許容しています（32条2項）。

❶信託行為に当該行為を固有財産または受託者の利害関係人の計算ですることを許容する旨の定めがある場合
❷受託者が当該行為を固有財産または受託者の利害関係人の計算ですることについて重要な事実を開示して受益者の承認を得た場合（ただし，そのような場合でも当該行為を許容しない旨の定めが信託行為にある場合を除きます）

　ここでも，どのような場合にこの例外に該当するのかが，実際にはとても重要になってきます。なぜなら，現実の世界においては，信託銀行または信託会社が受託者となる信託がほとんどですから，受託者が自分自身の業務と同種の財産管理・運用行為を信託目的とする多数の信託を受託することが想定されるからです。
　たとえば，信託銀行が優良企業から資金の借入れの希望を受けたときに，必ず，金銭の貸付けによる運用を目的とする信託の信託財産から貸付けなければならないとすると，信託銀行の貸出部門は立ち行かなくなりますから，そのような信託を受託することはできなくなりま

す。同様に，信託銀行は自分自身の財産運用行為として有価証券投資をしていますから，有価証券投資による運用を目的とする信託の受託もできなくなってしまいます。これでは，信託の利用者が，信託銀行の与信業務や投資業務のノウハウに期待して金銭を信託する途が閉ざされる結果となってしまいます。

④忠実義務と信託の柔軟性

以上のように，信託法は，受託者が忠実義務違反を生じさせないように，いくつもの類型を定めてこれを禁止しています。しかし，あくまで行為類型である以上，それらに該当しない行為の中に，受益者に対する裏切り行為がないとは限りません。そのような行為が信託法上許されるわけではなく，この節の冒頭に述べた一般の忠実義務の規定（30条）により禁止されると考えられます。この規定は任意規定と考えられていますから，信託行為に定めを置くことより，一定の行為を許容することができます。

忠実義務は，善管注意義務とあいまって，受託者の義務の両輪となって受益者を保護するとともに，株主総会，取締役，監査役などを備える株式会社と異なり，信託のガバナンスをシンプルにすることにより信託の柔軟性を支えています。その一方を守れば他方は守らなくてもよいというものではありません。信託財産の運用がいかにうまくいっても（善管注意義務違反はない），自分で勝手にその利益の一部をボーナスとして懐に入れてはいけませんし（忠実義務違反となる），いかに私利私欲を捨てて信託財産の運用に打ち込んだとしても（忠実義

務違反はない），やめたほうがよいことが素人目にもあきらかなネズミ講に手を出してはいけません（善管注意義務違反となる）。

ここで忠実義務に関して覚えておいて欲しいのは，受託者が行った利益相反取引や競合行為が信託契約において許容された取引類型であるとしても，それは忠実義務違反とならないというだけのことであって，その具体的取引条件が正当な理由なく信託財産に不利なものであれば，受託者は善管注意義務違反の責任を負うということです。信託法は，受益者がそれをチェックすることができるように，信託行為に別段の定めがあるときを除き，受託者に対し，利益相反取引または競合行為をしたときは，その行為についての重要な事実を受益者に通知することを求めています（31条3項および32条3項）。

⑤受託者の公平義務

なお，信託法は，受益者が2人以上ある信託において，受託者に対し，それら受益者のために公平に職務を行うことを義務づけています（33条）。これは，受託者の公平義務と呼ばれるもので，同一の信託における複数の受益者間の公平を図る点で，複数の信託財産間あるいは信託財産と固有財産との間の利害対立を規律する忠実義務と区別されます。公平義務は，同一の信託において複数の種類の受益権を組成することを禁ずるものではありません。

したがって，受託者の公平義務とは，より具体的に言い換えれば，同一の信託における同一種類の受益者を同じように取り扱い，同一の信託の異なる種類の受益者を

Ⅲ 受託者の義務

それぞれの受益権の内容に応じて取り扱う義務だといえるでしょう。ある受益者の犠牲の下に他の受益者を優遇することを禁ずる点で忠実義務に似た面がありますが，信託行為の定める条件に従って受益者を取り扱うことを求める点で善管注意義務と共通する面もあります。

(2) 忠実義務に違反したら——取引無効か，損害賠償か，利益の吐き出しか

受託者が利益相反取引を行った場合に，それが許容される例外に該当しない場合には，信託法は，利益相反取引の4つの類型（(1)の冒頭の①〜④）を2つに分けて，その効果を定めています。

まず，最初の2つの類型（①と②）については，それらの行為自体には第三者が関与していないため，その利益を考慮する必要がないことから無効とされています（31条4項）。ただし，受益者はこれを追認することができます（31条5項）。また，受託者が第三者との間で該当財産について処分行為等をしたときは，当該第三者の利益を考慮する必要が生ずるため，当該第三者が受託者の利益相反取引禁止違反を知っていたときまたは重過失なく知らなかったときに限り，取り消すことができます（31条6項）。この取消権を複数の受益者のうち1人が行使したときは，その取消の効力は，すべての受益者について生じます（31条6項の準用する27条3項）。なお，この取消権は，受益者が取消の原因があることを知ってから3か月行使しない場合には，時効により消滅します。行為の時から1年を経過したときも同じです（31条6項の

準用する27条4項)。

次に,残る2つの類型(③と④)については,第三者がそれらの行為自体の当事者になっているために,当該第三者が受託者の利益相反取引禁止違反を知っていたときまたは重過失なく知らなかったときに限り,取り消すことができ,上と同様に,その効果は全受益者に及びます(31条7項およびその準用する27条3項)。時効規定についても同様です(31条7項の準用する27条4項)。

これに対し,受託者が競合行為を行った場合に,それが許容される例外に該当しない場合には,第三者の権利を害さない限り,受益者は,当該行為が信託財産のために行われたものとみなすことができます(32条4項)。この権利は,競合行為から1年を経過した時点で消滅します(32条5項)。

以上は,忠実義務違反行為の効果に関する信託法のルールですが,信託法は,受託者およびその役員の損失塡補責任についても,善管注意義務違反について述べた原則に対する特別規定を置いています。すなわち,受託者が忠実義務に違反する行為をした場合には,当該行為によって受託者またはその利害関係人が得た利益の額と同額の損失を信託財産に生じさせたものと推定することになっています(40条3項)。その場合に,悪意または重過失がある法人受託者の取締役,執行役またはこれに準ずる者が連帯責任を負うこと(41条)や,信託行為によって受託者または役員の責任をあらかじめ制限することができないこと(92条9号および10号)などは,任務懈怠責任について述べたのと同じです。

ここで「推定」というのは，立証責任の転換を意味します。別の言い方をすれば，受託者は，損害が生じていないことを立証することができれば損害賠償責任を免れますし，損害額が推定額より少ないことを立証することができれば賠償責任を減少させることができます。

　この損害額の推定規定については，信託法の成立過程において，激しい議論がたたかわされました。忠実義務に違反した受託者の責任は，一定の額を損害額と推定することによってではなく，損害の有無を問わず，受託者が違反行為から得たすべての利益を吐き出させることによって追及すべきではないかという議論です。英米法の流れを汲む受認者（fiduciary）の忠実義務（duty of loyalty）の意義を強調し，信託の本質的な内容として「受託者は，もっぱら受益者のために行動すべきである」と考える立場からすれば，信託財産に損失を与えたか否かに関わりなく，受託者が信託事務の遂行を通じて信託契約において予定されていない個人的な利益を（こっそり）得ること自体，許されないことになります。受託者が自らの手にすることが許されるのは，信託契約に明記された信託報酬のみ，ということです。「損していないのだからいいじゃないか」という問題ではない，というこの立場には，考え方として筆者は強い共感を覚えます。受託者の倫理性ないし高潔性は，信託制度の美点だと考えるからです。

　これは，実のところ，「（利益相反取引と競合行為以外の）いかなる行為が一般の忠実義務に違反することになるか」に深く関連する問題です。具体的に考えてみる

と，ことはそう単純ではないことがわかります。たとえば，信託法改正要綱試案の補足説明においては，信託行為の定めにより信託財産である更地を現状のまま管理する義務を負っていた受託者が，信託行為の定めに違反して土地の上に賃貸建物を建築して賃料収入を取得した場合や，信託事務の処理にあたって受託者が第三者から手数料やリベートを取得する場合が「利益取得行為」という類型として挙げられ，そこから受託者が得た利益を吐き出させるべきか否かが論じられていました。

このうち前者の賃料収入の事例については，そもそも「更地を現状のまま管理すること」をわざわざ信託する人がいるのか疑問ですし，仮に更地のまま管理することを信託する人がいるとしても，その人から「約束が違うからただちに建物を収去して土地を更地に戻せ」と求められることを覚悟して無断で建物を建てる受託者はいないでしょう。万一建物を建てる受託者がいたとしても，一定の限度で損害賠償ないし不当利得の返還を請求できる余地がありますし，利益の吐き出しを求めなくても実際に不誠実な受託者が不当な利益をむさぼる状況は限定的にしか考えられません。

また，後者の手数料やリベートを受け取る事例については，それが信託財産の購入や売却の際の手数料やリベートであれば，通常は，売買価格の調整を通じて同額の利益を信託財産に帰属させられたはずですから，信託財産に損害が生じていることになります。そうだとすれば，受益者は，利益の吐き出しを求めなくても，損害の賠償を請求することができます。損害額の推定規定があ

れば，保護としては十分です。

　逆に，このような「利益取得行為」を忠実義務違反と考え，それについて利益の吐き出しを受託者に求めるとすると，現実に起こりそうな事案において，受託者に酷な結果となりかねません。具体例を挙げると，信託銀行が，信託財産における運用であると否とを問わず，証券売買の注文をある証券会社に集中することにより，①当該証券会社から銀行業務に有用な情報の提供を受けたり，住宅ローン債権の証券化の手数料の割引を受けたり，といったかたちで「利益を取得する」ことがあるとします。もちろん，その一方で，②信託業務における有用な情報の提供を受けたり，信託業務における取引手数料の割引を受けたりすることもあるとします。そのような証券会社との約束の下で，ある時期において，信託財産の証券売買の注文ばかりになってしまったにもかかわらず，証券会社から受ける利益については②よりも①が多かったとすると，どうでしょうか。その場合に固有財産が得た超過利益相当額を信託財産に渡さなければならないとすると，常にそれぞれの注文の多寡や取得利益の多寡をきちんと認識するようにしなければなりませんから，信託銀行の負担はたいへん大きくなります。

　無数の取引を日常的に行っている信託銀行にとっては，「信託のフンドシで相撲を取る」程度がたまたま一定のレベルを超えると銀行業務の利益を吐き出さなければならなくなるというのは，たとえ信託契約に別段の定めを置けばよいといっても脅威です。むしろ，個人情報の保護や守秘義務の観点から問題を生じない限りにおい

て，信託銀行が信託部門と銀行部門との間で情報・能力・機会などを相互に利用して共存共栄していくほうが受益者にとっても利益になる可能性が高いでしょう。したがって，信託法が，忠実義務違反の類型を限定列挙とせずに一般的な忠実義務規定を置きつつも，その違反の効果として損害額の推定規定を置くにとどめたことは，バランスのある解決だったと考えられます。

(3) 忠実義務に関する信託業法のルール

信託業法28条1項は，「信託会社は，信託の本旨に従い，受益者のため忠実に信託業務その他の業務を行わなければならない。」と定め，信託法と同様に忠実義務の一般規定を置いています。

さらに，信託業法は，一定の利益相反取引を原則として禁止しています（信託業法29条2項）。信託法と比べると，この規制対象となる利益相反取引の範囲は取引主体に関して広くなっており，①受託者もしくは信託業務の委託先が自己またはその利害関係人と信託財産との間で行う取引，②複数の信託財産相互間の取引，および，③受託者または信託業務の委託先が第三者の代理人となって当該第三者と信託財産との間でなされる取引（図18）が含まれます（信託業法29条2項各号）。

信託業法上の「利害関係人」の範囲は政令および内閣府令に定められていますが，相当に広いことに留意する必要があります。具体的には，本書執筆時点で公表されている案によれば，役員・使用人，会計（財務諸表規則）上の親会社，子会社，親会社の他の子会社，関連会

Ⅲ　受託者の義務

図18

```
                    受託者A（信託会社または信託銀行）
                ┌──────────┬──────────┬──────────┐
                │  固有財産  │  信託財産X │  信託財産Y │
                └──────────┴──────────┴──────────┘
                     │          │    │          │
                    取引①    取引②  │        取引③  ┌─────────────┐
                     │          │    │          └──│   第三者    │
 ┌─────────────┐    │          │   取引①         │(代理人Aまたは B)│
 │受託者の利害関係人A′│    │          │    │          └─────────────┘
 └─────────────┘    │         取引①  │
         ↑          │          │    │
        取引①       │          │    │
         │          │          │    │
    信託業務の委託   │          │    │
                ┌──────────┐   ┌───────────────────┐
                │  委託先B  │───│  委託先の利害関係人B′│
                └──────────┘   └───────────────────┘
```

図19

（Aの利害関係人の範囲）

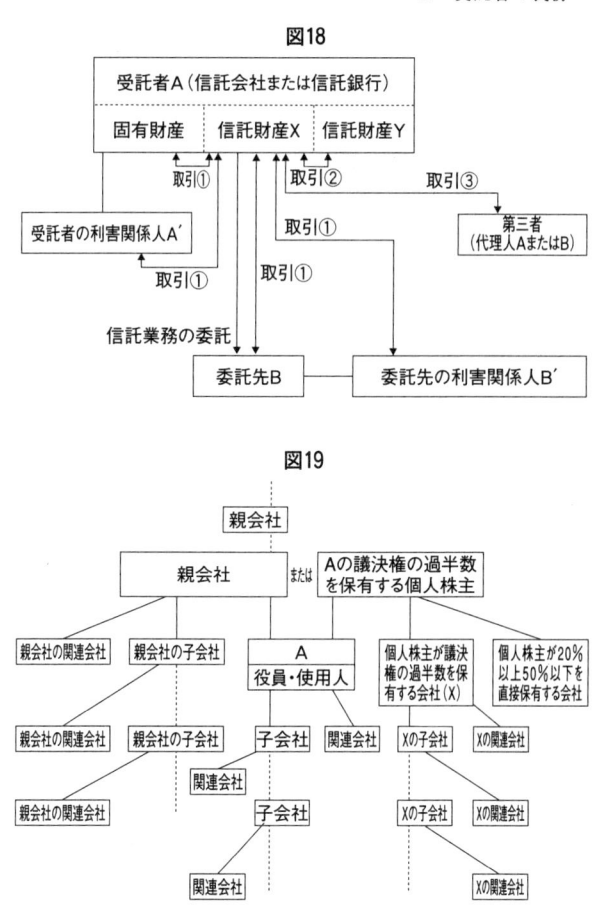

社，親会社の関連会社，議決権の過半数を保有する個人株主，当該個人株主が議決権の過半数を保有する会社，当該会社の子会社および関連会社，当該個人株主が議決

権の20%以上50%以下を直接保有する会社を意味します（図19）。

この禁止については，受益者が適格機関投資家や特別目的会社であるなどの理由に基づく除外規定がないことにも注意を要します。もちろん，受益者が適格機関投資家であろうが特別目的会社であろうが，信託法に基づき受託者が負う忠実義務の内容には違いがありません（あってはなりません）が，信託業法に禁止規定を置くことの意味は，信託行為または受益者の同意をもってしても，それだけでは禁止規定を緩和することができないということにあります。そのような保護をあらゆる受益者に対して一律に与える必要があるのか否かについては，立法論としては，検討の余地があります。

たとえば，受益者が適格機関投資家である場合には，信託業法上の業務規制の適用対象から外し，あるいは規制を大幅に緩和してはどうでしょう。むしろ，信託銀行または信託会社が適格機関投資家に対し利益相反取引の概要を事前に開示すれば，それに対して異議を述べることなく信託契約を締結したことのみをもって信託法上必要な受益者の承認を認定してもよいくらいではないでしょうか。そのような受益者は，取引をやめることもできますし，取引に入る際に信託銀行や信託会社と交渉することもできます。さらに，利益相反取引に関する情報提供がきちんとなされることを前提とすると，そのあとでなされた利益相反取引が仮に不適切であれば，信託銀行または信託会社の責任を追及することもできるのですから，信託業法上の手厚い保護が必要とはいえません。

III 受託者の義務

なお、最後に述べた点に関し、信託業法29条3項が、利益相反取引の状況を記載した書面を計算期間ごとに受益者に交付することを受託者に求めているのは、重要なことです。

いずれにしても、現行法上は、信託銀行または信託会社を含む企業グループが一体となって、信託を利用した資産管理・運用サービスを顧客に提供しようとすると、当該顧客が個人であろうが適格機関投資家であろうが、ほぼ常にこの原則禁止規制が課されることになります。近時の金融取引手法の専門化・多様化には目を見張るものがあり、それにあわせて金融機関のグループ化が進んでいますから、信託銀行や信託会社がグループ内の各金融機関の得意分野を結集して最高品質の金融サービスを信託財産に対し提供しようとするときに、信託財産にとってメリットが大きい場合にまで、グループ会社との取引を禁じられてはたいへん困ります。したがって、合理的な例外規定が定められる必要があります。

この点、信託業法29条2項本文によれば、ある取引が利益相反取引とされても、(ア)当該取引を行う旨とその概要について信託行為に定めがあるか、または、当該取引が信託行為により禁じられておらず当該取引に関する重要な事実を開示してあらかじめ受益者の書面による承認を得ている場合（ただし、そのような場合でも当該行為を許容しない旨の定めが信託行為にある場合を除きます）であって、かつ、(イ)受益者の保護に支障を生ずることがない場合として内閣府令で定める場合には、当該取引を行うことが許されます。

信託契約に定めるべき利益相反取引の「概要」には，内閣府令によれば，取引の態様および条件が含まれます。この点は，信託法上の利益相反取引の例外規定において見たのと同じように，あらかじめ信託契約に定めることが求められる要件であることに照らし，ある程度概括的な定めで足りるというべきです。これに対し，取引の前に受益者に開示すべき「重要な事実」とは，より具体的な取引類型に即した事項を意味すると考えるべきでしょう。

また，もう1つの要件である「受益者の保護に支障を生ずることがない場合として内閣府令で定める場合」については，本書執筆時点で公表されている案によれば，以下のような場合が挙げられています。

①委託者もしくは受益者またはいずれかから指図権限を与えられた者の指図により取引を行う場合
②信託目的に照らし合理的に必要であって，有価証券の売買，有価証券先物取引等，金融先物取引等，不動産の売買その他の取引を市場価格，鑑定価格その他の受益者に不利とならない条件で行う場合
③個別の取引ごとにその重要な事実を開示し，受益者の同意を得て取引を行う場合
④金融庁長官または財務局長の承認を受けて取引を行う場合

上の(ア)の要件との対比でいえば，③は個々の取引の具体的取引条件のうち重要なものを意味するものと考えら

れます。実際上は，市場価格や鑑定価格のない取引について，どのように受益者の保護に支障がないことを確保するかが重要となるでしょう。

4 分別管理義務
―― きちんと，ズルせずにやるために

分別管理義務とは，信託財産を，受託者の固有財産および他の信託の信託財産と分別して管理する義務をいいます。

これは，第1に，信託財産の独立性を実効性のあるものにするためのものです。すなわち，受益者が，受託者の固有財産や他の信託財産の負担となるべき債権の債権者から信託財産に対して強制執行などがなされたときに異議を申し立てる際，あるいは受託者について倒産手続が開始されたときに管財人から信託財産を取り戻す際に，信託財産を明確に特定できないとその権利行使に支障をきたすおそれがあります。このため，受託者に信託財産を分別管理させることにより，そのような支障が生じないようにするというものです。これを，**分別管理義務の特定性確保機能**といいます。また，第2に，動産の善意取得（信託財産であることにつき第三者が善意無過失で取得してしまうこと）が生じないようにしたり，第3に，信託財産に帰属すべき利益，費用および損失を正確に把握することができるようにしたりする機能もあると考えられています。これらは，受益者の権利を確保し，あるいは害されないように「信託財産をきちんと管

理するための方法」を類型的に義務化したものといえますから、その意味で善管注意義務の一内容ということができます。

さらに、第4に、分別管理義務には、善意悪意を問わず、受託者が信託財産から個人的利益を得ることを難しくする機能があります。外形上または記録上明確に分別されて信託財産であることが明らかなものについては、勝手に固有財産にしてしまうなどの忠実義務違反に該当する行為を不注意でするおそれは小さいでしょうし、故意でするときにも心理的な抵抗が大きいでしょう。このように、分別管理義務には、忠実義務違反を防止する機能があると考えられています。

以上からすると、受託者の分別管理義務とは、善管注意義務と忠実義務双方の具体化あるいは手段と見ることができます。

(1) 分別管理義務の具体的内容

信託法34条によれば、受託者は、信託財産に属する財産と固有財産および他の信託の信託財産に属する財産とを、分別して管理しなければなりません。そこにいう分別とは、財産の種類に応じて異なる意味を持ちます。

まず、法務省令の本書執筆時点で公表されている案によれば、①財産権原簿等（受益証券発行信託の受益権原簿等）に信託財産に属する旨を記載または記録しなければ信託財産であることを第三者に主張できない財産（ただし、信託の登記または登録をすることができる財産を除きます）については、当該記載または記録をするとと

もに、その計算（どの信託にどれだけの財産が帰属するか）を明らかにする方法によって分別しなければなりません（34条1項3号）。

次に、①以外の財産のうち、②信託の登記または登録をすることができる財産（不動産など）については、信託の登記または登録をすることによって分別管理をすることが求められます（34条1項1号）。

①以外の財産であって信託の登記または登録をすることができない財産のうち、③金銭以外の動産については、信託財産と固有財産および他の信託の信託財産とを外形上区別することができる状態で保管する方法により分別することが求められ、④それ以外の財産（金銭を含みます）については、その計算を明らかにする方法によって分別することが求められます（34条1項2号）。

また、①、③および④の財産については、信託行為に別段の定めがあるときはその定めによることとされ、分別管理義務を定める規定が任意規定であることが示されています。逆にいえば、②の財産については強行規定であり、信託行為の定めによって信託の登記または登録をする義務を免除することはできません（34条2項）。

ただし、信託法改正要綱試案の補足説明において、「信託財産の出入りが著しい等の事情が存するときは、その都度、信託の登記又は登録をしていては取引の効率性を著しく害するため、信託行為によりこれを免除する必要がある場合も想定される。そのような場合にあっても、信託行為において、受託者が経済的な窮境に至ったときには、遅滞なく信託の登記又は登録をする義務があ

るとされていると認められる限りは，分別管理義務が課せられていると解してよいものと考えられる」との解釈が立法担当官から示されています。

金銭および個性のない金融資産は，④の財産に含まれることになります。④の財産の管理方法が単に計算を明らかにすればよい（金額をきちんと把握していればよい）こととされているのは，このような財産の多くは振替社債などのように無体物であるか，有体物であっても株券保管振替制度上の株券のように混蔵保管（個性のないものとしていっしょに保管することをいいます）されたうえ証券口座を介して保有されており，もはや物理的な分別を求めることが非現実的または無意味となっているためだと考えられます。

このように解しても，固有財産または他の信託財産との間で識別不能になった財産は，信託財産と固有財産もしくは他の信託財産またはその双方との間で当該財産を共有するものとみなされるため（18条），信託財産帰属分については受託者の債権者からの強制執行や受託者の倒産手続から保護されることになります。したがって，当該財産が全体としてきちんと管理され，その金額がきちんと把握されていれば，受託者の債権者からの信託財産の独立性を失うことはないと考えられます。信託法改正要綱試案の補足説明においては，金銭についてそのような解説がなされています。

(2) 分別管理義務に違反したら

信託法は，分別管理義務に関する受託者およびその役

員の損失塡補責任についても，善管注意義務違反について述べた原則に対する特別規定を置いています。すなわち，受託者が分別管理義務に違反する行為をした場合において，信託財産に損失または変更を生じたときは，受託者は，分別管理義務を果たしたとしても損失または変更が生じたことを証明しなければ，損害塡補責任を免れることができないとされています（40条4項）。その場合に，悪意または重過失がある法人受託者の取締役，執行役またはこれに準ずる者が連帯責任を負うこと（41条）や，信託行為によって受託者または役員の責任をあらかじめ制限することができないこと（92条9号および10号）などは，任務懈怠責任について述べたのと同じです。

5 自己執行義務の廃止
―― ぜんぶ自分でやるのがよいことなのか

　以前の信託法は，その26条において，受託者の自己執行義務を定めていました。受託者は，委託者から信頼を受けて信託事務を行うものである以上，これを自分自身で行うことが求められていたわけです。至極もっともなルールであるように考えられますが，実は，同条の解釈についてはいろいろな問題がありました。

　少し具体的に見てみましょう。同条は，1項において，信託行為に別段の定めがある場合を除いて，受託者がやむを得ない場合に限り他人に信託事務の処理を委ねることができる旨を定め，2項において，受託者が委託先の選任監督について責任を負う旨を定め，3項におい

て，委託先が受託者と同一の責任を負う旨を定めていました。

そこで，①1項の制約を受ける「信託事務の処理」とは何か（信託契約に定めておかないと，受益者に必要な連絡を取る際に電話もかけられない——電話会社を利用することができない——とは考えられませんが，それではどの程度の事務処理になると信託契約の根拠が必要となるのか），②信託契約において委託先が指定されていても受託者は2項の選任責任を負うのか，③あるサービスの提供を業とする者が，その顧客が信託受託者であり，提供するサービスを顧客が信託事務の処理として利用しているというだけの理由で，当該業者は見知らぬ受益者に対し受託者と同一の責任を負うのか，などといった問題があったわけです。

もちろん，以前の信託法26条は任意規定と考えられていましたから，信託事務の処理を他人に委ねるとみられるおそれがあることをすべて信託契約に規定することにより，問題を解決できる場合もありました。ただ，さらに問題を難しくしていたのは，信託業法の存在です。以前の信託業法22条および23条は，以前の信託法26条を受けて，以下のような定めを置いていました。

まず，信託業務の一部を第三者に委託するためには，①信託業務の一部を委託することおよびその委託先（委託先が未確定の場合はその選定基準および選定手続）が信託契約に明記されており，②委託先が委託業務を的確に遂行する能力を持っており，かつ，③委託財産の分別管理義務，再委託の原則禁止，委託事務に係る情報提供

Ⅲ　受託者の義務

義務および受託者の解除権が委託契約に規定されていることが求められていました。

次に、受託者は、委託先が委託業務の遂行に際し受益者に加えた損害を賠償する責任を負うこととされ、受託者が委託先の選任につき相当の注意をし、かつ、損害の発生の防止に努めたことを立証しない限り、その責任を免れることができませんでした。さらに、委託先は、例外なしに、信託業法上、受託者とほぼ同一の善管注意義務・忠実義務・分別管理義務を負い、信託財産に関し受託者とほぼ同一の行為準則に従うべきこととされていました。

受託者は、確かに委託者から信頼を受けて信託事務を行います。しかし、信託事務の中には、動産の保管のように単純な事務もあれば、海外有価証券投資のように高度な知識、経験および理論的分析を求められる事務もあれば、全国に分散した多数の小口債権の回収のように人手を要する事務もあれば、都心の大規模オフィスビルの管理・処分のように不動産投資、不動産賃貸、不動産管理などさまざまな種類のノウハウが求められる事務もあります。委託者が受託者を信頼するというときに、それらをすべて受託者自身が行うことを期待しているでしょうか。なすべき信託事務を自分で処理するか誰かに委託するか、誰かに委託するとすれば誰を選ぶかの判断に期待している場合もあるのではないでしょうか。

信託がさまざまなニーズに応える制度であるためには、何もかも受託者自身で信託事務を処理して欲しいと考える委託者のニーズのみならず、信託事務の処理を適

時適切にアウトソースして欲しいと考える委託者のニーズも無視すべきではありません。そうだとすれば、アウトソースしようとするときに受託者や委託先に大きな負担を負わせるような制度は、使い勝手が悪いといわざるを得ません。

このような価値判断に立って、信託法と信託業法の下では、信託事務のアウトソースがやりやすくなっています。ただ、それが十分なものといえるかどうかは、意見が分かれるところでしょう。以下では、新しいルールを見ていきましょう。

(1) 信託事務の処理の委託に関する信託法のルール

信託法は、まず、受託者の権限として、①信託行為に信託事務の処理を第三者に委託する旨もしくは委託することができる旨の定めがあるとき、②信託行為にそのような定めがなくても、信託事務の処理を第三者に委託することが信託の目的に照らして相当であると認められるとき、または、③信託行為に信託事務の処理を第三者に委託してはならない旨の定めがある場合であっても、第三者への委託が信託目的に照らしてやむを得ない事由があると認められるときには、受託者が信託事務の処理を第三者に委託することができると定めています（28条）。

それに加え、信託法は、信託事務の処理を第三者に委託する際の受託者の義務として、信託の目的に照らして適切な者を選任する義務、当該第三者を監督する義務を定めています（35条1項および2項）。

以上のうち、第三者の選任・監督に関する受託者の義

務を定める規定は，信託行為において指名された第三者または信託行為に基づく委託者もしくは受益者の指名権の行使に従って選任された第三者に信託事務を委託するときは，適用されません（35条3項）。ただし，この場合であっても，信託行為に別段の定めがない限り，受託者は，当該第三者が不適任もしくは不誠実であることまたは当該第三者による事務の処理が不適切であることを知ったときは，その旨を受益者に対して通知し，当該第三者に対する委託の解除その他の必要な措置をとらなければなりません（35条3項ただし書および4項）。

　このように，信託法の下では，信託事務のアウトソースを原則として禁止するルールが廃止され，受託者が信託行為や信託目的に基づいて信託事務をアウトソースすることができるようになりました。その際に受託者が委託先の選任・監督に関して負う，上に述べた義務とその例外は，受託者の一般的な善管注意義務の現れとしても説明できます。信託法は，信頼された以上受託者は原則として何でも自分で信託事務を処理すべきだという発想を転換し，アウトソースするしないを含め，第三者の利用を信託事務の処理方法の問題として善管注意義務の発想で捉えているといってよいでしょう。このような考え方に基づき，受託者を中心としつつも，さまざまな専門家の力を結集して多様な信託サービスが提供されるようになるとすれば，喜ばしいことです。

　信託法は，信託事務の処理の委託に関する受託者およびその役員の損失塡補責任についても，善管注意義務違反について述べた原則に対する特別規定を置いていま

す。すなわち、受託者が上の①ないし③のいずれにも該当しないにもかかわらず信託事務の処理を第三者に委託した場合において、信託財産に損失または変更を生じたときは、受託者は、第三者に委託しなかったとしても損失または変更が生じたことを証明しなければ、損失填補責任を免れることができないとされています（40条2項）。その場合に、悪意または重過失がある法人受託者の取締役、執行役またはこれに準ずる者が連帯責任を負うこと（41条）や、信託行為によって受託者または役員の責任をあらかじめ制限することができないこと（92条9号および10号）などは、任務懈怠責任について述べたのと同じです。

(2) 信託事務の処理の委託に関する信託業法のルール

以上のような発想の転換を受けて、先に説明した信託業法のルールにも重要な改正が加えられています。

まず、信託事務をアウトソースするための要件のうち、委託契約に一定の事項（分別管理義務など）を定めることを義務づけるルールが廃止されました（信託業法22条1項から旧3号の削除）。これによって、委託先が一般の顧客との間で通常用いている標準的な契約を利用することができるようになるため、受託者による信託業務の委託が促進されることが期待できます。

信託事務をアウトソースするためのその他の要件および委託先の義務と責任について、信託業法が定める強行規定は、①保存行為（信託財産の価値を維持し、損害の発生を防止するために必要な行為を意味します）に関す

る業務,②信託財産の性質を変えない範囲内において,その利用もしくは改良を目的とする業務,または,受益者保護に支障がないものとして内閣府令に定められるその他の業務については,適用されないことになりました（信託業法22条3項）。内閣府令の本書執筆時点で公表されている案においては,③委託者もしくは受益者またはそのいずれかから指図権限を受けた者のみの指図に従って受託者が行う旨を信託行為に定められた信託業務,④受託者または受託者から指図権限を受けた者のみの指図に従って信託業務の委託先が行う旨を信託行為に定められた信託業務,および⑤信託業務の遂行にとって補助的機能を有する業務が挙げられています。

すなわち,これらの業務については,信託業務の一部を委託することおよびその委託先（委託先が未確定の場合はその選定基準および選定手続）を信託契約に明記していなくても,アウトソースすることができるようになりました。また,これらの業務については,委託先が,信託業法上の義務として,受託者とほぼ同一の善管注意義務・忠実義務・分別管理義務を負うこともありませんし,信託財産に関し受託者とほぼ同一の行為準則に従う義務もありません。したがって,それぞれの契約に基づく注意義務その他の義務を果たせば足りることとなりました。これらの業務に関する限り,信託銀行や信託会社に対してサービスを提供する者は,安心して,信託銀行や信託会社と取引ができるようになりました。その結果,アウトソースされるべき信託業務が適正な対価でアウトソースされ,受益者の利益が増大することが望まれ

ます。

さらに、委託先が委託業務の遂行に際し受益者に加えた損害を賠償する受託者の責任規定については、委託先が信託行為において指名された場合または信託行為に定められた委託者もしくは受益者の指図権の行使に従って指名された場合には、原則として適用されないことになりました（信託業法23条2項）。

6　情報提供義務その他
——受託者をチェックするために

以上に見てきたように、信託法は、受託者の義務の多くを任意規定（当事者が信託行為に定めたり、信託設定後に同意したりすることによって変更できるルールを意味します）としています。もちろん、受益者保護の要請から、信託業法を通じた規制とあわせて一定の歯止めは必要ですが、信託の柔軟性を発揮するためには、信託財産の性格（管理の難しさ、危険の程度など）、信託事務の内容（高度な判断か、単純な作業かなど）、受益者の属性（個人か大企業かなど）などに応じて、受託者の義務の内容や程度をさまざまに設計できることは歓迎すべきことです。

このような状況においては、受託者の行う信託事務は多様化します。一定のレベルを維持するためにプロの受託者（信託銀行または信託会社）に対して行政監督が行われることは必要ですが、より重要なのは、受託者がその信託において期待されたとおりの働きをするかどうか

のチェックです。ある信託において高度な投資判断を期待されることもあれば,他の信託においては単純な入金管理を期待されることもあるでしょう。

　義務を一律にするのではない分,信託のガバナンスの観点からすると,受益者が受託者による信託事務の処理を事後的にチェックすることの重要性が増すことになります。そのために重要になるのが,受益者に対する情報提供です。信託法がそのためにどのような規律を設けているのか,以下に見てみましょう。

(1) 帳簿等作成・情報提供義務

　信託法上,受託者は,信託事務の処理および計算を明らかにするため,①帳簿その他の書類を作成しなければならず,当該書類またはその写しを受益者に引き渡さない限り,その作成後10年間(その期間内に信託の清算事務が完了したときはその日までの期間),当該書類を保存しなければなりません(37条1項および4項)。また,受託者は,②信託財産の処分に係る契約書その他の信託事務の処理に関する書類を作成した場合にも,同様に,当該書類またはその写しを受益者に引き渡さない限り,その作成後10年間(その期間内に信託の清算事務が完了したときはその日までの期間),当該書類を保存しなければなりません(37条5項)。

　さらに,受託者は,毎年1回一定の時期において,③その受託する信託財産に属する財産の状況に関する計算書類(貸借対照表,損益計算書など)を作成しなければならず,その作成後10年が経過したあとに受益者に当該

書類またはその写しを引き渡した場合を除き，信託の清算事務の完了までの期間，当該書類を保存しなければなりません（37条2項および6項）。なお，受託者は，この計算書類を作成したときは，信託行為に別段の定めがある場合を除き，その内容につき受益者に報告しなければなりません（37条3項）。

受託者のこのような帳簿等作成義務を前提として，委託者または受益者は，受託者に対し，信託事務の処理の状況（信託財産に属する資産・負債の状況を含みます）について報告を求めることができます（36条）。委託者または受益者に与えられたこの報告請求権は，信託契約によって制限することはできません（92条7号）。

また，受益者は，受託者に対し，理由を明示して，上の①および②の書類の閲覧または謄写を請求することができます（38条1項）。この場合，受託者は，㈤請求者がその権利の確保もしくは行使に関する調査以外の目的で請求を行ったとき，㈡請求者が不適当な時に請求を行ったとき，㈥請求者が信託事務の処理を妨げ，もしくは受益者の共同の利益を害する目的で請求を行ったとき，㈡請求者が当該信託に係る業務と実質的に競争関係にある事業を営み，もしくはこれに従事するものであるとき，㈹請求者が閲覧もしくは謄写によって知り得た事実を利益を得て第三者に通報するため請求したとき，または，㈥請求者が過去2年以内において，閲覧もしくは謄写の請求によって知り得た事実を利益を得て第三者に通報したことがあるとき，のいずれかの場合を除き，そのような閲覧または謄写の請求を拒むことはできません（38条

2項)。

　このうち，(ハ)から(ヘ)については，請求者以外の受益者の利益を保護するための拒絶事由ですから，請求者以外に受益者がいない場合には閲覧または謄写の請求を拒むことはできません (38条3項)。このような閲覧・謄写請求権の対象となっている情報のうち，③の書類の作成に欠くことのできない情報その他の信託に関する重要な情報および請求者以外の受益者の利益を害するおそれのない情報以外の情報（すなわち，重要でない情報と，開示により他の受益者を害するおそれのある情報）については，信託行為に根拠規定を置けば，受益者が自らの閲覧・謄写請求権の放棄に同意した場合に，当該同意の撤回が禁止され，受託者は放棄の対象となった情報の閲覧・謄写請求を拒むことができます (38条4項および5項)。しかし，信託行為に規定しても，それ以外の制約を加えることは許されません (92条8号)。

　このように，受益者の情報開示請求権（上の報告請求権と閲覧・謄写請求権をあわせて便宜上こう呼びます）は広汎にわたっています。これは，すでに述べたように，信託法が，受益者による受託者の監視・監督を重視していることの現れです。受託者の義務が信託の柔軟性を支えていることはすでに述べましたが，信託法は，それを受託者の心意気のみに頼るのではなく，受益者が受託者を厳しく見守ることにより確実なものにしようとしていると考えられます。

　さらに，受託者は，利害関係人から上の③の書類の閲覧または謄写の請求を受けた場合には，これに応じなく

てはなりません（38条6項）。利害関係人のこの権利も，信託行為によって制限することはできません（92条8号）。信託法は，この「利害関係人」の範囲を定義していませんが，委託者，受益者のほかには，信託財産の負担する債務の債権者が典型的な例として挙げられるでしょう。

なお，以上の規律と相当程度重なりますが，信託業法においても，受託者の情報提供義務が定められています。具体的には，信託銀行または信託会社は，その受託する信託財産について，計算期間ごとに信託財産状況報告書を作成し，受益者に交付しなければなりません（信託業法27条1項）。ただし，受益者が適格機関投資家であって，当該受益者から報告書の交付を要しない旨の書面による承諾を得ており，かつ，信託財産の状況に関する照会にすみやかに回答できる体制が整備されている場合や，あとで述べる信託管理人または受益者代理人に信託財産状況報告書を交付する場合，受益者からあらかじめ書面による承諾を得たうえで取引ごとの取引内容に関する書面交付をもって信託財産状況報告書の交付に代える場合など，内閣府令で定める場合には，信託財産状況報告書の交付を省略できます。信託業法上の情報提供義務の特徴としては，報告書の記載事項が財産の類型ごとに内閣府令において具体的に定められていることが挙げられます。

(2) **受益者によるその他の監視・監督**

以上に述べた信託事務もしくは信託財産に関する情報

III　受託者の義務

開示請求権や受託者の責任追及のための損失填補請求権のほかにも，受益者は，信託法上，受託者による信託事務の遂行を監視または監督するための権限が与えられています。

たとえば，信託法上，受託者が法令または信託行為の定めに違反する行為をし，またはそのおそれがある場合において，当該行為によって信託財産に著しい損害が生ずるおそれがあるときは，受益者は，受託者に対し，その行為をやめるよう請求できます（44条1項）。また，受託者が公平義務に違反する行為をし，またはそのおそれがある場合において，当該行為によって一部の受益者に著しい損害が生ずるおそれがあるときは，当該受益者は，受託者に対し，その行為をやめるよう請求できます（44条2項）。これは，事後の損害賠償請求とは異なり，受託者の行為について事前の差止めを求める権利ですから，たいへん強力なものといえます。なお，この差止請求権を信託行為によって制限することはできません（92条11号）。

また，受託者の信託事務の処理に関し，不正の行為または法令もしくは信託行為の定めに違反する重大な事実があると疑うことが合理的と考えられる事由があるときは，受益者は，信託事務の処理の状況（信託財産に属する資産・負債の状況を含みます）を調査させるため，裁判所に対し検査役の選任を求めることができます（46条）。

さらに，受託者が信託財産のためにした行為がその権限に属しない場合において，当該行為の相手方が，当該

行為の時に，①当該行為が信託財産のためにされたものであること（＝受託者として行ったものであること）を知っており，かつ，②当該行為が受託者の権限に属しないことを知っていたか重大な過失により知らなかった場合には，受益者は，当該行為を取り消すことができます（27条1項）。

ただし，受託者の権限違反行為が，信託の登記または登録をすることができる信託財産に担保権等の権利を設定する行為またはそのような信託財産を移転する行為であった場合には，当該行為の当時，①当該信託財産について信託の登記または登録がなされており，かつ，②当該行為が受託者の権限に属しないことを当該行為の相手方が知っていたか重大な過失により知らなかった場合に，受益者は，当該行為を取り消すことができます（27条2項）。この権限違反行為の取消権を複数の受益者のうち1人が行使したときは，その取消の効力は，すべての受益者について生じます（27条3項）。なお，この取消権は，受益者が取消の原因があることを知ってから3か月行使しない場合には，時効により消滅します。行為の時から1年を経過したときも同じです（27条4項）。

(3) 受益者複数の場合の信託のガバナンス

以上に述べた受託者の義務と受益者の監視・監督権に関するルールは，受益者が単数であっても複数であっても等しく適用されます。受益者が複数の場合には，信託のガバナンスに関するルールとして，さらに以下のようなルールの適用があります。

III 受託者の義務

　受益者が複数の場合に，各受益者が単独で行使できる権利として，信託法は，①信託に関する裁判所に対する申立権，②信託財産に対する違法な強制執行等に対する異議申立権，③受託者の利益相反行為に関する取消権，④信託事務の処理の状況（信託財産に属する資産・負債の状況を含みます）に関する情報開示請求権，⑤受託者またはその役員に対する損失塡補請求権，⑥受託者の違法行為の差止請求権，⑦受託者の権限違反行為の取消権，⑧受益権を放棄する権利，⑨受益権取得請求権などを挙げています（92条および105条1項）。それ以外の権利は，原則として，受益者全員が一致した場合にのみ，行使することができます。

①受益者の意思決定ルール

　以前の信託法は，受益者が複数の場合をあまり想定しておらず，全員一致の原則に対する例外を定めていませんでした。そのため，受益者が多数に上る信託において，信託設定後に信託契約を変更すべき事情が生じた場合，信託銀行どうしの合併などによって同一の受託者に帰属することとなった同一目的の複数の信託を併合したい場合など，信託契約において想定していない事情が生じた場合には，対応に苦慮することがありました。

　そこで，信託法は，複数の受益者の意思決定方法について信託行為において多数決による旨の定めを置いた場合の受益者集会に関する原則規定を定めています（105条1項ただし書および2項本文ならびに106条ないし122条）。これは原則規定ですから，信託行為に定めを置くことにより，異なる手続に従って多数決原理を採用することも

できますし，そもそも単純な多数決によらずに，特定の受益者に決定権を与えたり，決定権者を定める手続を定めておくことも認められます（105条1項ただし書および2項ただし書）。

ただし，受託者の義務違反に基づく受託者またはその役員の損失塡補責任を免除する場合のうち，受託者に悪意または重大な過失がないときに受託者の責任を一部免除する場合については，信託法に定める受益者集会の手続によって受益者の意思決定をすることまたは受益者全員の一致が必要とされ，それ以外に損失塡補責任を全部または一部免除する場合については，受益者全員の一致が必要とされています（105条3項および4項）。

以上のような多数決原理が採用される場合においては，多数意思の形成を図るために，他の受益者に対する働きかけが必要です。そこで，信託法上，受益者には，他の受益者の情報を請求する権利が与えられています。すなわち，(イ)請求者がその権利の確保もしくは行使に関する調査以外の目的で請求を行ったとき，(ロ)請求者が不適当な時に請求を行ったとき，(ハ)請求者が信託事務の処理を妨げ，もしくは受益者の共同の利益を害する目的で請求を行ったとき，(ニ)請求者が当該信託に係る業務と実質的に競争関係にある事業を営み，もしくはこれに従事するものであるとき，(ホ)請求者が請求によって知り得た事実を利益を得て第三者に通報するため請求したとき，または，(ヘ)請求者が過去2年以内において，請求によって知り得た事実を利益を得て第三者に通報したことがあるとき，のいずれかの場合を除き，受益者は，受託者に

対し，理由を明示して，他の受益者の氏名（個人の場合）または名称（法人等の場合）および住所ならびに他の受益者が有する受益権の内容の開示を求めることができます（39条1項および2項）。ただし，他の受益者の情報を請求する権利については，匿名性を求める受益者の利益に配慮して，信託行為に定めを置くことにより，制限ないし排除することができることとされています（39条3項）。

また，受益者が複数の場合に限られるわけではありませんが，受益者が複数，不特定または未確定である場合に利用することが特に期待される制度として，信託管理人，信託監督人，受益者代理人の各制度があります。

②信託管理人制度

信託管理人の制度は，従来の信託法にもありました。ただ，信託管理人が置かれる典型的な信託は，受益者が多数で変動するような信託（退職給付信託，顧客分別金信託など）であったといってよいでしょう。信託法では，このような場合に信託管理人を置くことはできません。代わりに，あとで述べる受益者代理人を置くことになります。

信託管理人は，受益者が現に存在しない信託において，①信託行為の定めにより信託管理人となるべき者として指定された者または②利害関係人の請求に基づき裁判所が選任した者が就任の承諾をすることにより，信託行為に別段の定めがあるときを除いて，受益者のために受益者の権利に関するいっさいの裁判上または裁判外の行為をする権限を取得します（123条1項，4項および5項

ならびに125条1項)。信託管理人は，善良な管理者の注意義務をもって，かつ，誠実かつ公平に，その権限を行使しなければなりません(126条)。信託管理人は，その事務処理に必要と認められる費用および支出の日以後におけるその利息等ならびに一定の場合には報酬を受託者に請求することができ，受託者は，信託財産の負担をもってこれを支払う義務を負います(127条)。

③信託監督人制度

信託監督人は，受益者が現に存在する信託において，①信託行為の定めにより信託監督人となるべき者として指定された者または②受益者が受託者を適切に監督することができない特別の事情がある場合に利害関係人の請求に基づき裁判所が選任した者が就任の承諾をすることにより，信託行為に別段の定めがあるときを除いて，受益者のために受益者が単独で行使できる権利(ただし，受益権を放棄する権利，受益権取得請求権など一部の権利を除きます)に関するいっさいの裁判上または裁判外の行為をする権限を取得します(131条1項，4項および5項ならびに132条1項)。

信託監督人は，このように，多数受益者の権利一般についての制度ではなく，あくまで受益者が単独で行使できる権利，すなわち受託者を監視・監督するための権利を特定の人に行使させるための制度です。したがって，受益者が多数であるが故に受託者の監督を特定の人に委ねたほうが効率的な場合のほかに，受益者の能力(幼少であるなど)や状況(遠隔地にいるなど)に基づき受託者の監督を他人に委ねたいという場合にも利用される制

度だといえるでしょう。信託監督人は，信託管理人と同様に，善良な管理者の注意義務をもって，誠実かつ公平に，その権限を行使しなければなりません（133条）。また，これも信託管理人と同様に，その事務処理に必要と認められる費用および支出の日以後におけるその利息等ならびに一定の場合には報酬を受託者に請求することができ，受託者は，信託財産の負担をもってこれを支払う義務を負います（137条による127条の準用）。

④受益者代理人制度

受益者代理人は，信託行為の定めにより受益者の全部または一部の受益者代理人となるべき者として指定された者が就任の承諾をすることにより，信託行為に別段の定めがあるときを除いて，当該受益者のためにその代理人として当該受益者の権利（ただし，受託者の任務懈怠に基づく受託者またはその役員の損失塡補責任を免除する権利を除きます）に関するいっさいの裁判上または裁判外の行為をする権限を取得します（138条1項および139条1項）。受益者の全部または一部について受益者代理人を置いたときは，当該受益者は，受益者が単独で行使できる権利および信託行為に定めた権利を除いて，その権利を行使することができなくなります（139条4項）。

受益者が現に存在しない信託は，現実にはあまり多くありません。金融の仕組みを設計する場合には，受益者が現に多数存在しかつ変動するような場合に，信託財産から給付を受ける権利や信託契約に基づく承諾権・同意権等を含む多数の受益者のさまざまな権利をまとめて行使することこそ，必要性が高いといえます。そう考える

と，信託法の下では，多数の投資家が受益者となる信託の仕組みにおいて，受益者代理人の利用が増加していくのではないかと考えられます。

[Ⅳ]
信託の新しい可能性と課題

この本の最後を締めくくるにあたって、信託法の下で新たに広がる可能性のある信託のうち、まだ触れていなかった問題をいくつか取り上げ、その設計上の課題を簡単に説明することとします。今まで述べたことから次第に信託の全体像が明らかになったのではないかと思いますが、以下は、その応用編ともいうべきものです。

1　新しい信託とその課題

　信託法の下で広がる可能性のある新しい信託類型に関して、まだ取り上げていない問題が少し残っています。以下では、自己信託、目的信託、そして最後に事業信託を取り上げます。

(1)　自己信託の可能性と課題

　自己信託の設定については、信託の新しいつくり方の1つとしてすでに説明しました。そこでも述べたように、信託が成立した時点以降は、受託者が受益者に対し義務を負い、受益者が受託者に対し受益権を持つという点で、他人から信託財産を引き受けたときと大きな違いはありません。信託法は、委託者兼受託者が信託の成立時点を恣意的に動かすことのないように、効力発生要件として公正証書などによることを求めています（4条3項）し、委託者による債権者詐害に対処するために、設定後2年間は委託者の債権者が詐害行為取消権の行使によって信託の効力を取り消すことなく信託財産に直接強制執行することを認めています（23条2項ないし4項）。

IV 信託の新しい可能性と課題

しかし，成立後の受託者の義務の内容または受益者の持つ受益権の内容については，特段の定めを置いていないのです。

なお，自己信託に関わる信託法の規定については，信託法の施行日から1年を経過する日まで適用しないこととして，その間に，上に述べた成立時の規律のほかに必要な措置を検討し，対処することとしています（附則2項）。

自己信託の商業的な利用方法としては，具体的には以下のようなものが考えられています。

①事業信託の方法として，会社が，特定の事業部門を自己信託により固有財産から切り離し，受益権を投資家に販売することにより，従業員や契約関係を移転させる手間を回避しつつ，特定の事業部門からの収益を引当てにして資金を調達する。
②資産流動化の方法として，会社が，自己の保有する資産（金銭債権または不動産など）を自己信託により固有財産から切り離し，受益権を投資家に販売することにより，信託会社を利用することなく，その資産から得られる予測可能な将来の現金（キャッシュフロー）を引当てにして資金を調達する。
③資産流動化におけると否とを問わず，債権者から債権回収事務の委託を受けた回収代理人が，回収した金銭（またはその金銭が入金された預金債権）を自己信託により固有財産から切り離し，当該債権者を受益者と指定することにより，回収代理人の手元に

あって債権者に引き渡していない金銭を回収代理人の信用リスクから切り離す。

このうち①については、事業信託のところで取り上げることにします。

②については、上に述べたとおり、自己信託の成立時点の弊害さえ除去することができれば、成立後については自己信託を特別視する必要はありません。確かに、自己信託以外の信託と比べると、委託者と受託者が同じですから、委託者による受託者の監督は期待できません。しかし、信託法は、委託者の権限を旧信託法に比べて限定するとともに、信託行為の定めなどによってさらにそれを限定し、あるいはなくしてしまうことさえ許容しています（145条1項）。だからこそ、すでに述べたように受益者による受託者の監督および責任追及の手段が重要となるわけです。

そうだとすれば、委託者が受託者を監督する権限は、信託にとって必須のものと考えるべきではありません。図6-1および6-2に挙げたような資産の流動化取引においては、まさにそのようなことが妥当します。すなわち、このような取引においては、委託者が、信託財産に属する債権の回収事務の委託を受けることはありますが、信託契約に基づき何らかの権利を信託財産または受託者に対して持つことは極力回避されます。なぜなら、すでに述べたように、倒産隔離（委託者の破綻からの悪影響を排除すること）を確保することが投資家にとって決定的に重要であるところ、委託者が破綻したときに管

Ⅳ 信託の新しい可能性と課題

図6-1＜再掲＞

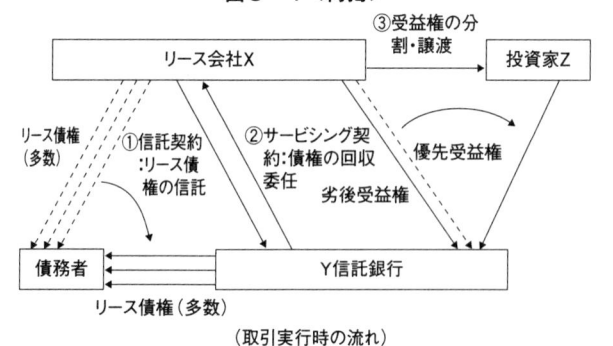

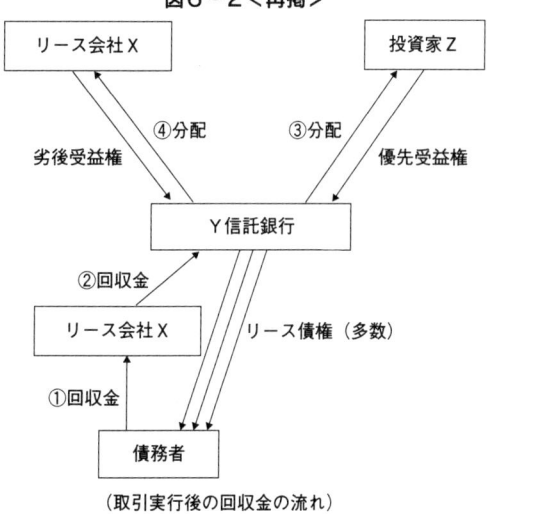

③受益権の分割・譲渡

リース会社X → 投資家Z

①信託契約：リース債権の信託
②サービシング契約：債権の回収委任

リース債権（多数）

優先受益権
劣後受益権

債務者 ← Y信託銀行

リース債権（多数）

（取引実行時の流れ）

図6-2＜再掲＞

リース会社X　　　投資家Z

④分配　　　③分配

劣後受益権　　　優先受益権

Y信託銀行

②回収金

リース会社X　　　リース債権（多数）

①回収金

債務者

（取引実行後の回収金の流れ）

財人などによって委託者の権利が行使され,取引に悪影響が生ずることのないようにする必要があるからです。このように見ると,信託法が,自己信託成立後の受託者の義務の内容にも受益者の持つ受益権の内容にも特段の定めを置いていないことは,妥当なものと評価することができます。

　以上は,自己信託の成立後は,自己信託をとりわけ特別視しなくてもよいということであって,自己信託に対する法規制が不要であるということではありません。ところが,信託業法上は,自己信託の設定を何度繰り返しても,信託業を営むことにはならず,ただちに信託業法による規制が及ぶことにはなりません。例外的に,自己信託の受益権を政令で定める人数以上の者が取得することができる場合に限り,自己信託をしようとする者に事前の登録を原則として義務づけ,その場合に信託会社に準じた規制を及ぼすこととしているにすぎません。政令の本書執筆時点で公表されている案によれば,この人数は50名とされています。

　自己信託であれそれ以外の信託であれ,繰り返し行う意図なしに,たとえば親族間で信託を設定する場合に,受託者となる人が信託業法に従って登録を求められ,業務規制に服し,金融庁の監督・検査を受けるべきではありません。その一方で,繰り返し行うことが(確定的でなくても)想定されるような状況で信託の仕組みを商業的に利用する場合に,受託者を金融庁の監督の下に置く必要性は,受益者が50名以上であるか否かによって異なるものではありません。その意味で,信託業法が,受益

者の人数によって自己信託に規制を及ぼすか否かを区別していることに，筆者は疑問を禁じ得ません。

　なお，どのような場合に「自己信託の受益権を50名以上の者が取得することができる」ことになるのかは，政令および内閣府令に具体的に定められています。その本書執筆時点で公表されている案によれば，形式的に受益者の数を数えるのではなく，(イ)自己信託の受益権に対する投資を目的とするファンド（ただし，信託銀行または信託会社が受託者となる信託型のファンドを除きます）が受益者である場合には，その背後に存在する投資家の数を数えることとされていますし，(ロ)同一内容の複数の自己信託を設定しても，それらの受益者の数を合計することとされていますし，(ハ)受益者の数が50名以上となるような受益権の分割ないし譲渡が制限されていなければ，50名以上となる前提で数えることとされています。

　ただ，ファンドの背後に存在する投資家の数は自己信託をしようとする者にとって通常明らかでないこと，何をもって同一内容の信託と見るのか必ずしも明らかでないことなど，規制の適用にあたっては，解釈上悩ましいところがあります。このあたりについては，金融庁の作成する監督指針その他を通じて，その明確化が望まれます。

　信託業法に従って自己信託につき登録が必要とされる場合，基本的には，自己信託をしようとする者に対し，信託会社と同様の規制が適用されることとなります（信託業法50条の2第12項）。ただし，商号規制（信託業法14条1項に従い，商号中に「信託」という文字を用いなければなら

■ファンドとは?

最近,ファンドという言葉をよく耳にします。これは,必ずしも確立した法概念ではありませんが,投資家から資金を集めて投資を行う際の受け皿のことをいいます。この受け皿の形態としては,たとえば株式会社があります。投資家が10人集まってXという会社を20億円で買収しようとするときに,10人で会社法に従って株式会社を設立し,それぞれが1億円ずつ出資したうえ,その株式会社が銀行から10億円を借り入れて合計20億円を調達し,Xを買収する場合に,この株式会社のことを「買収ファンド」と呼ぶことができます。

同じように,投資家が10人で民法に従って組合契約を締結することにより組合を組成し,それぞれが1億円ずつ出資したうえ,その代表者が組合を代表して銀行から10億円を借り入れて合計20億円を調達し,Xを買収する場合に,この組合のことも「買収ファンド」と呼ぶことができます。

そのほかにも,投資家10人が信託会社に1億円ずつ信託したうえ,その信託会社が銀行から10億円を借り入れて合計20億円を調達し,Xを買収する場合に,この信託のことも「買収ファンド」と呼ぶことができます。

商法に従って匿名組合を組成する場合,投資事業有限責任組合契約に関する法律に従って投資事業有限責任組合を組成する場合,または有限責任事業組合契約に関する法律に従って有限責任事業組合を組成する場合も,いずれも資金を集めて買収を行おうとする点で「買収ファンド」といえるでしょう。

以上は企業買収の例ですが,投資のためにファンドを組成することもあります。これが「投資ファンド」です。本文では,この投資ファンドを指して「ファンド」といっていますが,内閣府令の本書執筆時点で公表されている案によると,本文(イ)で述べた規制から信託銀行または信託会社が受託者となる信託型のファンドが除外されています。これは,信託型ファンドの受益者は,信託銀行または信託会社が信託業法上の規制を受けることを通じて保護されることから,自己信託の規制の要否を決する際に,投資家の数として算定しないこととしたものと解されます。

IV 信託の新しい可能性と課題

ないことをいいます)は適用されません。また，業務規制については，重要な相違点が3つあります。

第1は，業務規制のうち，信託契約締結時の委託者に対する説明義務や書面交付義務など，委託者保護のための規定の適用がない点です。自己信託においては，委託者と受託者が同一ですから，信託会社による信託の引受けに対する規制と相違するのは当然です。

第2は，第三者による調査です。具体的には，登録が必要となる自己信託をしたときは，弁護士，公認会計士，税理士，不動産鑑定士，弁理士などの第三者に対し，信託財産に属する財産を特定するための事項およびその価額を調査させなければなりません（信託業法50条の2第10項ならびにそれに基づく政令および内閣府令の本書執筆時点で公表されている案）。これは，自己信託のみに適用される規制です。自己信託は，委託者と受託者が同一であることから，その成立時に受益者保護のための十分なチェックが働かないことを懸念する声がありますので，それに応じて設けられた規制です。

一般論として，すでに述べた理由で，自己信託の成立時に特別の規制を及ぼすことには合理性があります。しかし，不動産鑑定士が不動産を評価することはできるとしても，市場価格のある財産を除いて，弁護士や税理士が財産の価額を適切に検証できるとは考えられません。それどころか，自己信託の設定に先立って受益者となろうとする者に財産に関する適切な情報開示がなされていたとすれば，自己信託をしようとする者と受益者となろうとする者が信託財産の価額（受益権の価値）について

合意している場合に,部外者がそれ以上に公正な価額を示すことは多くの場合不可能ですし,そのように合意された信託財産の価額に部外者が異論を述べることはかえって不適切です。

制度論としてはむしろ,自己信託をした者が受益者に対し提供した信託財産に関する情報のうち,受益者保護の観点から重要と認められるもの(信託財産価額に重要な影響を与えうるもの)に限って,独立性の高い弁護士等の第三者に対し,それぞれの専門的見地から意見を述べさせる制度として設計すべきであったように思われます。そのほうが実態にも即していると考えられます。

第3は,兼業規制です。信託会社は,信託業法上,信託業,信託契約代理業,信託受益権売買等業務および財産管理業務のほかには,内閣総理大臣の承認を得た場合に限って,信託業務に支障がなく,かつ,信託業務に関連する業務をすることができるにすぎず,それ以外の兼業を禁止されています(信託業法21条1項,2項および5項)。これに対し,自己信託をしようとする者については,財務状況が悪化していない限り,兼業規制を受けないこととされています(信託業法50条の2第11項およびそれに基づく内閣府令の本書執筆時点で公表されている案)。

商業的な意味で自己信託をしようとする者は金融機関に限らず,一般の事業会社が商業的な目的で自己信託をすることも考えられます。したがって,自己信託の利用を促進しようと思えば,兼業規制を緩和する必要があるというのは理解できます。また,信託業務に支障を及ぼさないようにするための基準としては,受託者の財務状

IV 信託の新しい可能性と課題

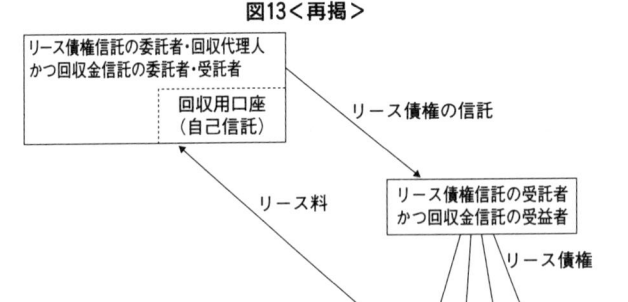

図13＜再掲＞

```
┌──────────────────────────────┐
│ リース債権信託の委託者・回収代理人         │
│ かつ回収金信託の委託者・受託者            │
│  ┌──────────────┐            │
│  │ 回収用口座     │            │
│  │ （自己信託）   │            │
│  └──────────────┘            │
└──────────────────────────────┘
         ↑          ＼ リース債権の信託
         │           ＼
    リース料          ↘
         │         ┌──────────────────┐
         │         │ リース債権信託の受託者 │
         │         │ かつ回収金信託の受益者 │
         │         └──────────────────┘
         │              ／｜＼  リース債権
         │             ／ │ ＼
         │         ┌──────────────┐
         └─────────│  リース債務者   │
                   └──────────────┘
```

況が重要であるというのはそのとおりです。しかし，受託者の財務状況をきちんと押さえれば受益者保護が最低限図られるのであれば，信託会社の兼業規制も同様に緩和してもよいはずだと筆者は考えています。

なお，信託銀行は，より厳格な他業禁止規定の適用を受ける銀行としての立場から，兼業規制について信託会社や自己信託の登録を受けた者とは区別されることになります。

③のような回収代理人による回収金保全措置としての自己信託については，すでに図13のところで説明しました。このような自己信託の利用により，今までサービサーリスクと呼ばれてきたリスクが軽減されることが期待されます。このタイプの自己信託は，受益者は通常1人であり，50名を超えることは考えにくいのですが，信託業法50条の2第1項に基づく政令の本書執筆時点で公表されている案においても，登録の適用除外とされています。ご覧になればおわかりのように，この流動化取引

においては，1つのストラクチャード・ファイナンス（仕組み金融）において2つの信託が使われています。

もっとも，この具体的な実施にあたっては，理論的に検討すべき問題があります。債権の流動化取引において受託者から委託者に回収代理事務を委託することが多いのは，従来と同じ方法で債務者から債権を回収することができ，効率的だからです。すなわち，委託者が保有する多数の債権のうち，信託したものと信託していないものを別々に回収するのではなく，いずれの債務者からも委託者の同じ銀行預金口座に振り込まれてくることが予定されています。そうだとすると，自己信託を設定するときに具体的に何をすればよいのかは，必ずしも自明ではありません。

専門的になりますので議論の詳細に立ち入ることはしませんが，「今後この預金口座に振り込まれる金銭のうち信託債権の回収金に相当する金額」を自己信託することができるのかといえば，普通預金の譲渡性（担保適格性）に関する議論などをふまえると，意見が分かれるところです。むしろ委託者が，当該預金口座に関する将来の預金債権すべてを流動化取引の期間を指定して自己信託し，その受益権を自己と受託者とにそれぞれの金額割合で帰属させるなどの工夫をすることが考えられますが，なお検討の余地があります。

(2) 目的信託の可能性と課題

目的信託とは，受益者の定めも，受益者を定める方法の定めもない信託をいいます。このような信託において

Ⅳ 信託の新しい可能性と課題

は，受託者は，信託目的のみに従って信託財産を管理または処分することとなるため，目的信託と呼ばれます。一般的には，ペット愛護を目的としてその飼育を行う信託，市民活動を広く支援する信託などの例が挙げられるところです。商業的な利用方法としては，日本版チャリタブル・トラストが挙げられます。

日本版チャリタブル・トラストについて少し説明しましょう。「日本版」というくらいですから，本家本元のチャリタブル・トラスト（慈善目的信託）があるのです。実は英米法系の信託制度なのですが，日本では，英領ケイマン諸島のものが広く知られています。

すでに見た資産流動化取引の例では，投資家が委託者から優先受益権を直接購入していました（図6-1および6-2）。確かにそのような取引も実際にありますが，大規模な流動化取引になると，委託者が優先受益権を新たに設立した特別目的会社（先ほど説明したファンドのうち会社型のものを意味します。Special Purpose Company の頭文字をとって，しばしば「SPC」と呼ばれます）に譲渡し，SPC が社債その他の証券を発行して，多数の投資家から優先受益権の購入代金を調達することがあります（図20）。

この場合，SPC の親会社が破綻してしまうと，管財人に解散・清算されてしまうおそれがあります。そこで，できることなら，SPC は「誰のものでもない会社」，すなわち，誰が破綻しても解散されない会社であって欲しいわけです。そこで，しばしば，英領ケイマン諸島の法制度を利用して，現地で信託会社に慈善目的

図20

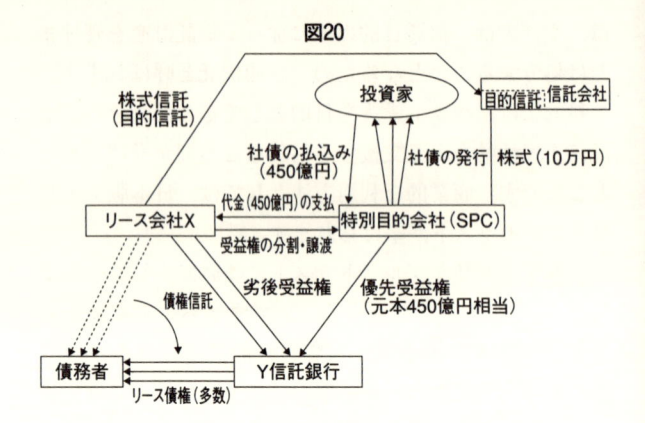

```
                          投資家
   株式信託                                    目的信託 | 信託会社
   (目的信託)
              社債の払込み    社債の発行 | 株式(10万円)
              (450億円)
   ┌─────────┐  代金(450億円)の支払  ┌──────────────┐
   │リース会社X│ ←──────────────  │特別目的会社(SPC)│
   └─────────┘                        └──────────────┘
              受益権の分割・譲渡
              ↓劣後受益権    ↓優先受益権
                             (元本450億円相当)
        債権信託
   ┌────────┐            ┌────────┐
   │ 債務者 │ ←────────  │Y信託銀行│
   └────────┘            └────────┘
        リース債権(多数)
```

信託 (charitable trust) を設定してもらい, その信託財産として SPC の株式を保有してもらうことがよく行われています。この慈善目的信託においては, 通常, 信託会社は, 信託期間にわたって SPC の株式を継続保有し, 信託期間が終了したときに SPC の残余財産を受け取り, 信託目的に沿うと考える方法で公益団体に寄付などをすることになっています。現地法および信託条項によれば, 仮に信託会社が破綻しても, 他の受託者が選任され, 信託が継続することとされています。したがって, 信託期間の満了日を社債の償還日より先に設定し, 社債の支払後 SPC に残余財産がほとんど残らないように仕組みを作れば, わずかな残余財産 (たとえば10万円) を慈善目的信託に引き渡す代わりに, SPC を「誰のものでもない会社」とすることができるのです。

目的信託は, 受益者のいない信託ですから, ちょうど上の慈善目的信託と同様に, SPC を「誰のものでもな

い会社」とするための受け皿とすることができるのです。たとえば、図20の取引についていえば、まずはリース会社Xが資本金10万円で株式会社を設立し、その株式をすべて信託会社に信託し、受益者を定めずにこれを目的信託とすることとします。目的は、たとえば、「社債権者のためにSPC株式を安定的・継続的に保有すること」などとすることが考えられるでしょう。SPCは、社債を発行して450億円を調達し、その資金でリース会社Xから債権信託の優先受益権を購入し、その後優先受益権からの信託配当によって社債の元利払いを行うわけです。図20をご覧になればおわかりのように、この流動化取引においては、1つのストラクチャード・ファイナンス（仕組み金融）において2つの信託が使われています。もし、図13で取り上げたサービサーリスク回避のための回収金信託を組み合わせれば、3つの信託を同一取引で利用することになります。金融の仕組みを設計するときに、信託の利用価値が大きいことがわかります。

　日本版チャリタブル・トラストとして目的信託を利用する際に検討すべき点としては、以下のような点が挙げられます。

　まず、20年の期間制限があります（259条）。したがって、住宅ローン債権の流動化やPFI（Private Finance Initiativeの頭文字を取ったもので、公共施設等の建設、維持管理、運営等を民間の資金、経営能力および技術的能力を活用して行うプロジェクト・ファイナンスの一種です）などのうち、それ以上の長期にわたる金融の仕組みにおいて、SPCの株主として利用することはで

きません。

受益者がいないため、受託者に対する監督が不十分になります。そのため、自己信託により設定することはできないこととされています（258条1項）。信託契約により設定する場合には、その定めの内容にかかわらず、委託者が受託者に対し一定の監視・監督権限を持ち、かつ、受託者が委託者に対し一定の通知・報告義務を負います（260条1項および145条4項）。また、遺言により設定する場合には、信託管理人を置かなければなりません（258条4項ないし8項）。

日本版チャリタブル・トラストについては、信託契約により設定されることが想定されますが、図20の例で、リース会社Xが目的信託の委託者にもなろうとすると、リース会社Xが信託会社に対する一定の監視・監督権限を持つことになります。これは、受託者の義務違反等をチェックする権限であって、信託財産を我がものにするような権限ではありませんから、日本版チャリタブル・トラストが達成しようとする「誰のものでもない会社」という性格を失わせるものではないとも思われますが、権限の悪用のおそれ等をどのように評価するかなど、今後の検討に期待したいところです。

なお、受益者による受託者の監視・監督が働かない点に鑑み、目的信託は、別に法律で定める日までの間、公益信託を除き、政令で定める財務要件や人的適格要件を満たす法人以外の者を受託者とすることはできないこととされています（附則3項）。

Ⅳ 信託の新しい可能性と課題

図21

```
┌─────────────┐
│ A社          │←─────────
│ ┌─────┐    │  受益権発行
│ │X事業│    │           │
│ └─────┘    │           │
└─────────────┘           │
                          │
        X事業信託   ┌──────────────────┐
        ─────────→ │ B社              │
                   │ ┌─────┬──────┐ │
                   │ │X事業│X′事業│ │
                   │ └─────┴──────┘ │
                   └──────────────────┘
```

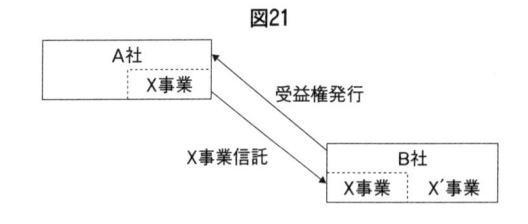

(救済・事業再生型事業信託)

(3) 事業信託の可能性と課題

　事業信託については，信託の新しいつくり方の中で簡単に触れましたが，信託法は，事業信託に関する特段の規定を置いていません。単に，積極財産の信託の際に債務をあわせて受託者に引き受けてもらうことができるようになった（21条1項3号）ため，信託行為の際に事業を包括的に受託者に譲渡することができるようになったというだけですから，どのような事業信託を設計するかは，利用する側の創意工夫に委ねられています。

　その意味では，あまり類型を限定して考えるべきではありませんが，いくつかの例を挙げてその可能性と課題を見ることにしましょう。

　①救済・事業再生型事業信託

　これは，たとえば，X事業を含むいくつかの事業を営むA社が，単独では採算があわないX事業を同業のB社に信託し，B社の持つX′事業の技術・ノウハウを利用したり，対外的にはX′事業と合同して規模の利益を追求することにより，X事業を再生するというタイプの事業信託です（図21）。信託期間終了時に，X事業をA社

に戻すことも，受益権をB社が買い取ってB社のX′事業に統合することも，いずれも可能です。後者の場合は，あとで述べる②のM&A型を，信託会社を利用せずに実施する形態ともいえます。

このような信託を反復継続して受託することは稀でしょうから，通常は，B社による信託の引受けが信託業（信託業法2条1項）に該当することはないと考えられます。そうだとすれば，B社が信託業法の規制を受けることはありません。

もちろん，事業の譲渡ですから，X事業の信託がA社にとって会社法467条1項2号に定める「事業の重要な一部の譲渡」に該当する場合には，株主総会の特別決議（会社法309条2項11号）を経ることが必要となりますし，契約関係や雇用関係の移転等が必要となります。その意味では，個別の財産の信託と比べて，大がかりな信託となります。

このタイプの事業信託において最も困難なのは，利益相反をどう回避するかという問題です。B社は，すでに説明したように，受託者としてA社のために忠実にX事業の運営を行わなければなりません。その一方で，B社は自己固有のX′事業を営んでおり，B社の取締役はX′事業の運営に関しB社自身に対し善管注意義務（会社法330条および民法644条）および忠実義務（会社法355条）を負っています。

ところが，X事業とX′事業は，規模の利益の追求などにより常に共存共栄（win-win）の関係にあるとは限りません。現実には，優良顧客の取り合いに始まって，

むしろ原則として競合関係にあるといってよいでしょう。そのような状況で，B社がはたして本当にA社の利益を追求することができるのか，疑問が生じます。このような状況を回避するため，X事業とX′事業が競合する際の利害調整ルールを信託契約において（B社の裁量が働かない程度に）明確に定めておくことができればよいのですが，事業の運営には通常さまざまな経営判断が必要ですから，そのような取り決めは容易ではありません。

②M&A型事業信託

これは，たとえば，C社が他の事業に必要な資金を調達するためにY事業を売却したいと考えており，D社がY事業の将来性に鑑みそれに投資したいけれども自分自身で運営することや不動産その他の事業資産を保有し管理することは避けたいと考えているときに，C社がY事業をE信託会社に信託し，受益権をD社に売却したうえ，E信託会社からY事業の運営委託を受けて報酬を得るようなタイプの事業信託です（図22）。C社が受益権の一部を保有することによりY事業の成功に向けてインセンティブを持つような仕組みにすることも可能です。

このような信託をE信託会社が引き受けるためには，信託業法上の兼業規制の適用が問題となります。すでに述べたように，信託会社は，信託銀行ほど厳格ではないにしても，信託業法に基づいて兼業規制を受けます。すなわち，信託会社は，信託業，信託契約代理業，信託受益権売買等業務および財産管理業務のほかには，内閣総理大臣の承認を得た場合に限って，信託業務に支障がな

図22

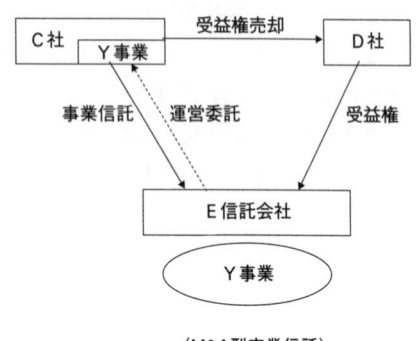

```
    C社 ──────受益権売却──────→ D社
     │Y事業│←‐‐‐‐‐‐‐‐‐‐‐‐
     │                      
  事業信託    運営委託      受益権
     │                        │
     └──────→ E信託会社 ←──────┘
                │
              Y事業
```

(M&A型事業信託)

く，かつ，信託業務に関連する業務をすることができるにすぎず，それ以外の兼業を禁止されています（信託業法21条1項，2項および5項）。

したがって，現実には，Y事業が財産管理業務またはそれ以外の承認業務の範囲に含まれる場合でなければ，図22のような仕組みを利用することは困難です。事業の運営をE信託会社自身が行わず，C社に委託することを条件として，E信託会社に適用される兼業規制を緩和することができれば，このタイプの事業信託の利用価値が高まるといってよいでしょう。

③トラッキングストック型事業信託

これは，たとえば，F社がそのZ事業から生ずる将来の収益を引当てにして資金を調達しようとする場合に，自己信託の方法によりZ事業を固有財産から切り離し，受益権を投資家に販売するタイプの事業信託です（図23）。この応用形として，事業を自己信託するとともに

Ⅳ 信託の新しい可能性と課題

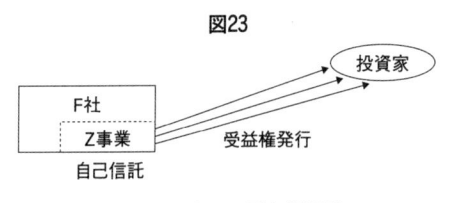

図23

```
        F社                    投資家
        Z事業         受益権発行
        自己信託
```

（トラッキングストック型事業信託）

事業提携先から事業用資産（知的財産権など）の信託を受け，事業提携先に劣後受益権を発行し，投資家に優先受益権を発行することにより，合弁事業（JV）型の自己信託を想定することもできます。

このタイプの事業信託をトラッキングストック型と呼ぶことには理由があります。トラッキングストックとは，株式会社が発行する種類株式のうち，特定の事業部門または特定の子会社の収益に連動して配当額が決まり，当該事業部門または子会社の価値に連動して交換価値が算定されるように設計されるものをいいます。上の事業信託の受益権は，Z事業から生ずる収益の配分を受けることができ，Z事業を信託財産とする信託の受益権であるという点で，トラッキングストックとほぼ同様の経済的実質を持つのです。

しかし，トラッキングストックは，あくまで株式ですから，発行会社が他の事業の失敗によって倒産すれば，たとえ対象となる事業が成功していても配当は受けられませんし，株式価値も失われます。これに対し，上のトラッキングストック型事業信託の場合は，Z事業に属する財産や権利関係はF社の倒産手続には取り込まれませ

んから，F社が再建型の倒産手続においてZ事業を継続するか，清算型の倒産手続が開始してしまっても，受託者としての地位を第三者に承継してもらい，Z事業を引き続き運営してもらうことができれば，投資家の利益は保護されることになります。

　自己信託により事業信託を設定する場合には，事業の「譲渡」はありません。しかし，受益権を販売することにより，実質的には当該事業を投資家に対して処分しているといえます。そこで，信託法266条2項は，自己信託による事業信託について，別段の定めがない限り，事業譲渡に関する会社法その他の法律の規定が適用されるものとしています。したがって，株式会社の事業全部または重要な一部の自己信託については，原則として株主総会の特別決議が必要となります。そのほかにどのような法律上の規定が適用されるかは必ずしも明確ではないのですが，対象事業に帰属する契約関係については，限定責任信託でない限り委託者兼受託者が自己信託の信託財産のみならず固有財産をもって責任を負います（信託財産に責任が限定されません）から，事業譲渡として扱う必要はないはずです。したがって，通常の事業譲渡とは異なり，雇用関係や契約関係の移転手続（従業員や取引先の同意など）は不要とみる余地があります。もっとも，譲渡禁止債権については別途の考慮が必要であり，今後の検討課題といえるでしょう。

　このような自己信託を限定責任信託とすることにより，リスクの高い事業を切り離したり，あるいは，責任を限定する形でリスクの高い事業に進出したりしようと

Ⅳ 信託の新しい可能性と課題

する際に，資金調達の手段として利用することができます。たとえば，電力会社が，特定の原子力発電所に関わる一部門を自己信託かつ限定責任信託の方法により固有財産から切り離し，受益権を投資家に販売したり，医療機器製造会社が，リスクの高い新技術の開発に乗り出す際に，その元手となる資金を限定責任信託として自己信託し，受益権を投資家に販売するような例が考えられます。

もっとも，すでに述べたように，限定責任信託において受託者が責任の限定を主張するためには，取引にあたって，取引の相手方に限定責任信託である旨を示す必要があります（219条）。したがって，自己信託の成立前に生じている雇用関係や取引関係については，従業員や取引先の同意がない限り，責任は限定されないと考えられます。

ただ，この点については，取引関係といっても，基本的な納入手順だけを定めた継続的売買契約に基づくような場合は，個別の売買ごとに取引が成立していると考えられますから，限定責任信託の設定後にあらためて限定責任信託である旨を示せば，その後の受託者の責任は限定されることになりそうです。

トラッキングストック型に限られませんが，受益証券発行信託との組み合わせも考えられます。受益証券発行信託は，すでに見たように，金融商品取引法上，株券，社債券などと同様の有価証券として情報開示（ディスクロージャー）の対象となりますし，近い将来，振替制度を利用して完全ペーパーレス化を実現する（＝券面の発

行をなくし、金融機関を通じた口座の記載により権利を発生させ、口座の振替により権利を移転させる）こともできるようになります。このような方法を利用することができれば、多数の投資家からの資金調達が視野に入ってきます。将来は、受益証券発行信託の受益証券が取引所に上場されることも考えられます。

　もっとも、そのためには、今後、信託の会計および税務が明確化され、信託という器に応じた情報開示制度が整備されることが前提となります。すでに、信託会計については企業会計基準委員会からその基準が示され、信託税制については法人税法が改正されて、まさに基盤の整備が進みつつあるところです。

　気をつけなければならないこととして、上のような情報開示とは別に、受益者の数が50名以上となる場合には、すでに述べたように委託者兼受託者に信託業法上の登録が求められ、その結果、信託会社と同様の業務規制が適用されます。上の例では、自己信託を繰り返し行うことはむしろ例外的で、どちらかといえば、子会社を設立したうえである事業部門を移転し、その株式を広く募集する（多数の投資家に発行する）ことに近いといえます。したがって、信託会社と同様の規制を及ぼすことにより投資家を保護するよりも、受益権の販売業者（証券会社など）が投資家にリスクを説明し、委託者兼受託者が情報開示を充実させることにより投資家を保護するほうが適切ではないかと考えられます。これも今後の検討課題といえるでしょう。

IV　信託の新しい可能性と課題

2　もう一度，信託とは何か

　信託とは，人を信じて財産を託す仕組みのことです。
　会社のような複雑な仕組みではありません。株主総会，取締役会，取締役，監査役などの複数の機関が相互にチェック・アンド・バランスを働かせることによってではなく，受託者に対する信頼と受託者の義務によって，信託の仕組みは機能します。会社法が柔軟化されたといっても，それはメニューの多様化です。それに対し，信託の仕組みは，受託者に対する信頼と受託者の義務に応じ，信託の数だけ存在するといってよいでしょう。
　株式会社，特に大規模な株式会社は，その機関を分化させ，相互にチェック・アンド・バランスを働かせるとともに，そういったガバナンス（何をどう決定し実行するか）を類型的にルール化することにより，多数の投資家が安心して投資できる「株式」や「社債」という商品をつくりだしてきました。人類が長い時間をかけて発展させてきた知恵といえます。
　これに比べ，信託法が決めているのは，実は単純なことです。受託した財産は実質的には受益者のものだということと，受託者は受益者のために働かなければならないということです。前者は信託の財産法的側面であり，後者は信託の信認法的側面です。前者に支えられている信託の特長が倒産隔離性であり，後者に支えられている信託の特長が柔軟性です。受益証券発行限定責任信託の

ように，大規模な株式会社に近づいていく信託もありますが，信託の本領は，この2つの特長を利用して個別に設計された信託によってこそ，発揮されます。

倒産隔離性が与えられているが故に，信託は，金融取引，特にストラクチャード・ファイナンスの中で頻繁に利用されます。財産のリスクを取ってもよいが，人のリスクを取りたくない投資家のニーズを汲み取り，それに合った投資対象を設計するときに，信託という仕組みは欠かせません。

柔軟性に富むことも，金融の仕組みを設計する際に信託が利用される大きな理由です。もちろん，実際に行われている信託を見ると，多くの場合，細かな取り決めがなされています。それを否定するつもりはありません。しかし，会社のつくり方と異なり，取引ごとに違った取り決めをすることができます。まさに，取引に応じて，設計の自由度があるのです。財産の拠出者（委託者），財産の管理者（受託者），資金の提供者（受益権の買主）の間で，リスクや責任をどう分担するかを交渉し，合意すれば，多くの場合，それをそのまま設計どおり信託契約にまとめることができます。

信託においては，もともと細かな取り決めをする必要はありません。また，どんな細かな取り決めにも，行間は生じ得ます。そういうときに，行間を埋めるのが信託法理です。信託の生まれ故郷である英米法では，当事者どうしで交渉して，相手方から勝ち取ったことと相手方に譲ったことを取り決め，それに従うのが（狭い意味の）契約法理であり，一方が他方を信頼するからこそ財

Ⅳ　信託の新しい可能性と課題

産を託し，他方は信頼してもらったからこそ一方のために行動するのが信託法理であると考えられているようです。狭義の契約法理においては，決められたことだけをすればよく，決められていないことはしなくてよいという安心感があります。他方，信託法理においては，決めきれないことは，よかれと思うようにやってもらえるという信頼感があります。いずれも，人を動かし人に動かされるときの知恵といえます。

　このように，信託は，会社とも（狭義の）契約とも異なる工夫であり，知恵であるといえるでしょう。

　新しい信託法の下で，この人類の知恵がこの国にも根づくことを祈りつつ，筆を置きます。

索　引

アルファベット

duty of loyalty	129
fiduciary	129
fiduciary duty	108
fiduciary law	10
M&A 型事業信託	179
PFI	175
property law	10
true sale	66

あ・か　行

アウトソース	144
悪意	59
委託者	11
閲覧・謄写請求権	151
開示（ディスクロージャー）制度	48
会社更生	20, 57, 66
回収金信託	72
回収金保全措置	171
回収代理人	30
解除命令	69
貸付信託	26, 28
株主総会の特別決議	182
完全ペーパーレス化	49
管理型信託業	45
救済・事業再生型事業信託	177
吸収信託分割	101
競合行為	123
強行法規	112
金銭信託	27
金銭信託以外の金銭の信託	27
金融商品取引法	111
グループ内信託	33
兼営法	16, 110
兼業規制	170
権限違反行為の取消権	154
検査役の選任	153
限定責任信託	39, 84, 182
更正担保権	21, 57, 66
合同運用	27
合同運用指定金銭信託	26
公平義務	126
コミングリングリスク	71
混蔵保管	140

さ　行

サービサーリスク	71
再建型倒産手続	20
債権者保護手続	100, 104
財産法	10
債務超過	87
詐害行為取消権	58
詐害信託	58
差押禁止	75
差止請求権	153
識別不能	140
事業信託	38, 163, 177

資金運用	26	監督指針	45
資金調達	28	信託監督人	158
仕組み金融	56	信託管理人	157
自己執行義務	141	信託業法	16, 110
自己信託	45, 60, 72, 162	信託検査マニュアル	45
資産の証券化	30	信託行為	11, 14
資産の流動化	30, 56, 163	信託債権	87
慈善目的信託	173	信託財産	11, 15
指定運用	27	信託財産状況報告書	152
指定金外信	26	信託財産の独立性	22
支払不能	87	信託財産の破産	87
柔軟性	17, 22, 125	信託宣言	46
受益権	11	信託の登記または登録	76, 139
受益権取得請求権	96, 100, 104	「信託の倒産隔離機能」	22
受益債権	74	信託の分割	101
受益者	11, 16	信託の併合	98
受益者が単独で行使できる権利	155	信託の変更	92
受益者集会	155	信託費用	82
受益者代理人	159	信託法	10
受益者の意思決定ルール	155	信託法改正要綱試案の補足説明	44, 70, 130, 139, 140
受益証券発行限定責任信託	49	信託報酬	82
受益証券発行信託	48, 183	信託目的	11, 14, 41
受託者	11, 15	信託約款	92
受認者	129	信認関係	108
受認者の義務	108	信認法	10
証券投資信託	26, 27	スーパーヒット	26
譲渡担保	67	ストラクチャード・ファイナンス	31, 56
情報開示請求権	151	清算型倒産手続	20
情報提供義務	152	セキュリティ・トラスト	38, 49
新規信託分割	101	設定的移転	52
シンジケート・ローン	44, 50	善意	59
真正売買	66	善管注意義務	109, 112
信託会社等に関する総合的な			

専用口座	71
相殺禁止	77
双務契約	64
訴訟信託	42
損害額の推定	129
損失塡補責任	116

た 行

対価的な関係	64
第三者異議の訴え	76
第三者による調査	169
脱法信託	42
他の受益者の情報を請求する権利	156
単独運用	27
担保権信託	49
担保権の信託	38
知的財産権の信託	33
チャリタブル・トラスト	173
忠実義務	109, 117
帳簿等作成義務	150
帳簿等作成・情報提供義務	149
倒産隔離	20
倒産隔離性	17
倒産手続	20
投信	26
特金	26
特定運用	27
特定金外信	27
特別清算	20
特別目的会社	173
トラッキングストック型事業信託	180

な・は 行

日本版チャリタブル・トラスト	173
任意規定	113, 125, 139, 148
任務懈怠	116
破産	20
破産財団	74
ビッグ	26
ヒット	26
否認	60
費用償還請求権	82
ファンド	167, 168
ファンドトラスト	26
振替制度	49
分別管理義務	137
分別管理義務の特定性確保機能	137
変更命令	95
報告請求権	150
保存行為	146

ま・や・ら 行

民事再生	20
目的信託	172
約定劣後債権	88
約定劣後破産債権	88
優先受益権	28, 30, 57, 63
利益取得行為	130
利益相反行為	118
利益の吐き出し	130
利害関係人	132, 152
劣後受益権	28, 30, 57, 63

井上 聡(いのうえ・さとし)
長島・大野・常松法律事務所パートナー弁護士
1965年愛知県生まれ。88年東京大学法学部卒業。90年第一東京弁護士会登録。長島・大野法律事務所入所。その後、ハーバード・ロースクール修士課程(LL.M.)、米国および欧州の法律事務所での研修、日本銀行金融研究所への出向等を経て、98年より現職。金融法委員会委員、信託相談所運営懇談会委員。

日経文庫1115

信託の仕組み

2007年7月13日　1版1刷

著　者　井上　聡
発行者　羽土　力
発行所　日本経済新聞出版社
　　　　http://www.nikkeibook.com/
　　　　東京都千代田区大手町1-9-5　郵便番号 100-8066
　　　　電話 (03) 3270-0251

印刷　奥村印刷・製本　大進堂
©Satoshi Inoue, 2007
ISBN978-4-532-11115-1

本書の無断複写複製(コピー)は、特定の場合を除き、著作者・出版社の権利侵害になります。

Printed in Japan

読後のご感想をホームページにお寄せください。
http://www.nikkeibook.com/bookdirect/kansou.html